WORK : 프로 일잘러가 되기 위한 업무 가이드

오늘부터 실패하지 않게 일하는 법

손안의 지식[1] | WORK | 프로 일잘러가 되기 위한 업무 가이드

오늘부터 실패하지 않게 일하는 법

홍순성 지음

애드앤미디어

지은이 **홍순성**
AI 개인 컨설턴트, 생산성 전문가

지은이는 인공지능(AI) 시대 이전부터 매년 한 권씩 책을 집필해온 베스트셀러 작가로, 지금까지 총 10권의 책을 출간했습니다. 그는 기존의 글쓰기 능력과 인공지능 기술을 접목해서 새로운 방식의 글쓰기를 통해 개인의 삶을 변화시키고, 실천을 통한 자기 혁신을 이루어 나가고 있습니다. 또한 AI 글쓰기 작가로 활동하는 동시에, 인공지능 기술을 활용해 개인의 전문성 개발을 돕고, 맞춤형 문제 해결 서비스를 설계하는 일도 하고 있습니다. 그는 자신의 독특한 경험과 전문성을 바탕으로, 인공지능 시대에 우리가 어떻게 일하는 방식을 혁신하고 발전시켜 나갈 수 있을지에 대한 방법을 제공합니다.

20여 년간 국내 대기업, 중소기업, 그리고 공공기관에 교육과 컨설팅 서비스 등의 활발한 활동을 하고 있습니다. 그의 대표적인 저서로는《생각하고 계획하고 일하라》,《나는 1인 기업가다》,《에버노트 사용설명서》 등이 있습니다. 이 책들은 개인과 조직의 생산성 향상과 효율적인 업무 방식에 대한 깊이 있는 통찰을 제공합니다.

AI 시대에 맞게 개인과 조직의 생산성 향상과 업무 효율성 극대화를 위한 방법을 연구하며 실천하고 있습니다. 그동안의 풍부한 경험과 전문 지식을 토대로 온라인 콘텐츠와 교육 자료를 만들고 있습니다. 특히, 중소기업과 소상공인을 위해 제공되는 업무 생산성 향상 프로그램과 개인 맞춤형 컨설팅 서비스는 많은 분에게 그 가치를 인정받고 있습니다.

들어가는 말 : 인공지능 시대의 일하는 법

우리는 인공지능이 가져온 변화의 물결 속에서 살아가고 있습니다. 이제 인공지능은 단순히 미래의 기술이 아닌, 우리 일상생활의 현실이 되었습니다. 기업들은 AI를 활용해 업무 효율성을 높이고, 새로운 비즈니스 기회를 모색하고 있습니다. 개인들도 AI 도구를 사용해 자신의 역량을 강화하고, 창의적인 아이디어를 얻습니다.

인공지능 시대가 도래했다고 해서 일하는 방식의 근본이 바뀌는 것은 아닙니다. 우리는 여전히 문제를 정의하고, 해결책을 모색하는 과정을 주도해야 합니다. 직장인의 경우, 인공지능의 도움을 받아 데이터를 분석하고 필요한 정보를 요청할 수는 있겠지만, 그 결과를 해석하고 의사 결정에 활용하는 것은 결국 인간의 몫입니다. 디자이너 역시 인공지능이 제시한 다양한 디자인 옵션을 검토할 수는 있지만, 고객의 니즈에 부합하는 최적의 디자인을 선택하는 것은 전문가로서의 역할과 책임입니다.

그러나 인공지능의 도움 없이 모든 일을 혼자 해결하려 한다면 그것 역시 문제가 될 수 있습니다. 우리는 인공지능이 효과적인 소통과 협업을 위한 훌륭한 도구라는 사실을 명심해야 합니다. 예를 들어, 자료를 준비할 때 인공지능을 활용해 온라인상의 방대한 정보를 빠르게 요약하고, 핵심 내용을 추출해서 동료들과 공유할 수 있습니다. 또한 해외 자료의 경우에도 실시간 번역 기능을 통해 언어의 장벽을 넘어 전문적인 정보를 손쉽게 획득할 수 있습니다. 이처럼 인공지능은 정보 수집과 분석, 글쓰기 작업 등에 있어 우리에게 엄청난 도움을 줄 수 있습니다. 이러한 인공지능의 장점을 적극적으로 활용한다면, 업무의 효율성과 생산성을 크게 높일 수 있을 것입니다.

인공지능 시대를 성공적으로 헤쳐 나가기 위해 우리는 일하는 방식에 대한 새로운 접근이 필요합니다. 이 책에서는 업무 수행의 성공을 위한 세 가지 핵심 전략을 소개하고자 합니다.

첫째, 성공적인 업무 수행을 위한 전략입니다.

자신의 업무를 체계적으로 분석하고 효율적인 프로세스를 설계하는 것이 무엇보다 중요합니다. 인공지능 툴을 활용해 데이터 분석, 아이디어 도출, 의사결정 등에 도움을 받되, 최종 판단은 인간의 몫임을 명심해야 합니다. 또한 팀원들과의 효과적인 소통과 협업 방식을 모색하고, 신뢰와 공감대 형성에 힘쓰는 것이 성공의 열쇠가 될 것입니다.

둘째, 나만의 일하는 방식을 찾는 것입니다.

개인마다 강점과 선호하는 업무 스타일이 다릅니다. 자신에게 맞는 최적의 워크플로우를 설계하고, 집중력을 높이고 창의력을 자극할 수 있는 환경과 루틴을 만드는 것이 도움 됩니다. 아울러 끊임없는 자기계발과 새로운 기술 학습을 통해 변화에 적응하는 유연성을 기르는 것이 인공지능 시대를 헤쳐 나가는 데 필수적입니다.

셋째, 실패 없는 하루 계획을 세우는 것입니다.

정보 과부하와 빠른 변화의 시대에 우선순위 설정과 시간 관리 능력은 그 어느 때보다 중요합니다. 업무의 우선순위를 명확히 설정하고, 인공지능 기반 도구와 일정관리 앱 등을 효과적으로 활용해 하루를 체계적으로 계획하고 실행해야 합니다. 또한 정기적인 피드백과 성찰을 통해 부족한 점을 파악하고 개선해나가는 자세가 필요할 것입니다. 이를 통해 우리는 인공지능 시대에 효율성과 생산성을 높이고, 개인의 성장과 발전을 이루어낼 수 있을 것입니다.

결론적으로, 인공지능 시대에는 기술과 인간의 조화로운 협업이 그 어느 때보다 중요합니다. 우리는 인공지능의 강점을 적극 활용하되, 인간만이 할 수 있는 고유한 역할과 책임을 잊어서는 안 됩니다. 이제 우리에게 필요한 것은 인공지능 시대에 걸맞은 새로운 일하는 방식을 정립하고, 끊임없이 학습하고 성장하는 자세입니다.

홍순성

오늘부터 실패하지 않게 일하는 법

차례

1장

성공적인 업무 수행을 위한
전략은 따로 있다!

2장

나만의 효율적인
일하는 방식을 찾아라

1장

성공적인 업무 수행을 위한
전략은 따로 있다!

완벽주의를 넘어
'대충, 빨리, 잘'로 성과를 극대화하라

"나는 완벽주의자라서 제대로 완성한 것이 하나도 없어"라는 말은 완벽주의의 함정에 빠진 사람들이 자주 토로하는 고민을 그대로 보여줍니다. 이들은 스스로 지나치게 높은 기준을 설정하고, 그 기준에 도달하지 못하는 결과에 번번이 실망하곤 합니다.

완벽주의자들은 일할 때 '잘, 빨리, 대충'의 순서로 진행하려는 경향이 있습니다. 이들은 시작부터 높은 기대치를 갖고, 방대한 계획을 세우는 데 집중합니다. 하지만 이런 접근법은 대부분 많은 시간을 잡아먹을 뿐 아니라 원하던 결과를 신속하게 끌어내지 못하는 경우가 잦습니다. 결국 마지막 '대충 하기' 단계에서는 부실한 결과물이 나오기 일쑤입니다.

오늘부터 실패하지 않게 일하는 법

```
1단계. 잘
2단계. 빨리
3단계. 대충
```

완벽주의자의 일하기 순서

그렇다면 일을 잘하는 사람들은 어떤 점에서 차이를 보일까요? 그들은 '대충, 빨리, 잘' 순서로 일을 처리하는 경향이 있습니다. 이들은 완벽함을 추구하기보다 우선 '대충' 시작해서 작업을 신속하게 진행합니다. 기본적인 틀이 잡히면 그다음에 디테일을 추가하고 '잘' 마무리함으로써 높은 품질의 결과물을 만들어냅니다. 이것이 바로 일 잘하는 사람들의 성공 비결이자 효율적으로 좋은 결과를 내는 방법입니다.

```
1단계. 대충
2단계. 빨리
3단계. 잘
```

일을 잘하는 사람의 일하기 순서

글쓰기를 예로 들면, 어떤 이들은 처음부터 완벽한 문장을 만들기 위해 많은 시간을 할애합니다. 하지만 이러한 방식은 전체적인 그림을 보는 데 걸림돌이 되고, 작업 속도를 느리게 만듭니다. 반면 '대충, 빨리, 잘'의 순서를 따르는 사람들은 먼저 첫 문장을 빠르게 써 내려가며 전체 내용을 채워 나갑니다. 이렇게 글의 대략적인 개요를 신속하게 잡은 뒤, 그 개요를 바탕으로 본문을 작성합니다. 본문이 완성된 후에는 문장을 다듬고 세부 사항을 추가하며 '잘' 마무리합니다.

이처럼 '대충, 빨리, 잘' 방식을 따르는 사람들은 정해진 기한 내에 높은 수준의 결과물을 만들어냅니다. 핵심을 먼저 확보하고 디테일을 다듬어가며 품질을 높이기 때문입니다. 반면 '잘, 빨리, 대충' 식으로 일하다 보면 시간에 쫓겨 부실한 마무리를 하게 되거나, 세부 사항에 지나치게 매몰되어 큰 그림을 놓치기 쉽습니다.

또한 '대충, 빨리, 잘' 방식은 주어진 시간 내에 최대한의 성과를 낼 수 있도록 해줍니다. 우선순위에 따라 자원을 배분하고 신속하게 실행하기 때문에 생산성이 향상되는 것이죠. 이와 달리 비효율적인 방식은 불필요한 시행착오를 반복하게 만들고 업무 속도를 떨어뜨립니다. 나아가 전략적으로 일하는 사람들은 분명한 목표를 설정하고, 그것을 달성하는 데 집중합니다. 상황에 맞게 유연하게 조정하면서 최선의 결과를 이루어내죠. 하지만 우선순위가 모호한 상태로 일하게 되면, 정작 중요한 목표를 놓치거나 기한을 맞추기 어려워집니다.

무엇보다 '대충, 빨리, 잘'의 과정은 끊임없이 개선할 기회를 제공합니다. 피드백을 반영하고 더 나은 방향으로 수정해나가며 성장할 수 있기 때문입니다. 그러나 완벽만을 추구하다 보면 도전 자체를 주저하게 되고, 실패를 부정적으로만 바라보게 되어 발전의 기회를 스스로 제한하게 됩니다. 따라서 다음에 작업할 때는 '대충, 빨리, 잘'을 명심하고, 완벽주의의 함정에 빠지지 않도록 주의해야 합니다. 그렇게 하면 보다 효율적인 방식으로 일하면서 더 좋은 성과를 거둘 수 있을 것입니다.*

---

* 이 내용은 트위터 사용자 인레(Samsara) 님의 게시물에서 영감을 받아 작성되었습니다.

일을 잘하기보다는
끝내려고 노력하라

우리 모두의 내면에는 완벽함을 추구하려는 열망이 자리 잡고 있습니다. 하지만 이런 완벽주의적 성향은 때로는 우리가 일을 마무리 짓는 데 걸림돌이 되기도 합니다. 완벽을 추구하다 보면 작업을 끝내지 못하고, 계속 미루게 되는 경우가 많기 때문이죠. 이런 문제를 피하기 위해서는 이제 우리의 초점을 작업을 완료하는 데 맞출 필요가 있습니다. 즉, 일을 끝내는 것 자체를 최우선 과제로 삼는 것이 중요한데, 이는 장기적으로 실패의 위험을 줄이고 생산성을 높이는 데 도움이 됩니다.

이를 일상의 업무 중 하나인 보고서 작성을 예로 들어 살펴보겠습니다.

오늘부터 실패하지 않게 일하는 법

완벽주의자들은 보고서의 모든 세부 내용을 최상의 수준으로 끌어올리기 위해 끊임없이 수정을 반복하곤 합니다. 그들은 보고서의 작은 부분도 완벽해야 한다는 강박관념에 사로잡혀, 수정과 재검토의 과정을 반복합니다. 이는 종종 보고서 작성에 지나치게 많은 시간을 할애하게 만들어, 결국 제출 기한을 넘기거나 다른 중요한 과제에 집중할 시간을 빼앗기게 됩니다.

'완벽주의자'의 보고서	'끝내기'에 초점을 맞춘 보고서
• 보고서 주제 선정 및 자료 수집 • 보고서 초안 작성 • 초안 검토 및 수정 　(문구, 문법, 디자인 등 모든 면에서 　완벽을 추구) • 수정된 초안 재검토 및 추가 수정 • 3~4단계를 반복하며, 보고서의 완벽성을 추구 • 최종 검토 및 제출 　(마감일을 넘기는 경우가 많음)	• 보고서 주제 선정 및 자료 수집 • 보고서 구조 설계 　(핵심 내용 위주로 개요 작성) • 개요에 따라 초안 작성 　(핵심 부분에 집중) • 초안 검토 및 필수적인 부분 수정 • 최종 검토 및 제출 　(마감일 엄수) • 제출 후 피드백을 받아서 　추가 수정 사항 반영(필요시)

완벽주의자의 보고서 vs 끝내기에 초점을 맞춘 보고서

'끝내기'에 초점을 맞춘 사람들은 우선 보고서의 전체적인 구조를 잡고, 핵심 부분에 집중합니다. 그들은 보고서의 주요 내용이 명확하고 논리적으로 전달되는 것에 주력하며, 세부 사항은 후순위로 미룹니다. 이런 식으로 보고서를 작성하면, 제한된 시간 내에 효율적으로 보고서를 완성할 수 있습니다. 또한 마감일을 지키면서도 다른 중요한 업무에 투자할 시간과 에너지를 확보할 수 있습니다.

　이러한 사고방식의 전환은 '대충, 빨리, 잘'이라는 원칙과도 맞물려 있습니다. 여기서 '대충'은 사소한 디테일에 지나치게 많은 시간과 에너지를 쏟지 말자는 의미이고, '빨리'는 효율성을 극대화해 시간을 절약하자는 뜻입니다. 그리고 '잘'은 업무 완수에 매진하되 품질은 놓치지 말아야 한다는 원칙을 나타냅니다.

　결론적으로, '일을 잘하기'보다는 '일을 끝내기 위해 노력하는 것'에 초점을 맞추는 것이 더욱더 효과적이고, 생산적인 업무 수행 방식이라고 할 수 있습니다. 완벽주의에 빠져 사소한 부분을 반복해서 고치기보다는, 핵심적인 내용에 집중해 일을 마무리하는 것이 더 중요합니다.

　특히, '끝내기'에 중점을 둔 작업 방식을 반복하다 보면, 업무를 성공적으로 완수하는 방법을 터득하게 됩니다. 일을 마무리하는 과정에서 얻는 경험과 교훈은 향후 비슷한 업무를 더욱더 효율적이고 효과적으로 처리할 수 있게 해줍니다. 이는 단순히 일을 '잘하는' 것을 넘어, '성공적으로 끝내는' 방법을 체득하게 되는 것입니다.

일을 작은 단위로 쪼개어
한 번에 해결하라

성공적인 일 처리를 위해서는 단순히 노력만으로는 부족합니다. 아무리 부단히 애써도 잘못된 방향으로 나아간다면, 그것은 결국 시간 낭비에 지나지 않을 테니까요. 따라서 일을 어떻게 진행할 것인지, 그리고 자신의 역량을 정확히 파악하고, 그 범위 내에서 업무를 수행하는 것이 무엇보다 중요합니다.

우리는 종종 너무 많은 일을 한꺼번에 떠안으려다 지치고 힘들어지곤 합니다. 누구나 한 번쯤은 겪어봄 직한 문제인데요. 이럴 때 유용한 방법은 큼지막한 일감을 잘게 쪼개는 것입니다. 작은 단위로 나누어 처리하면, 업무에 대한 부담을 경감하고 효율성도 높일 수 있습니다. 우리의 뇌는 한 번에 다룰 수 있는 정보량에 한

계가 있기 마련이죠. 그러다 보니 규모가 크고 복잡한 과제에 직면하면, 당혹감이나 스트레스를 느끼기 쉽습니다.

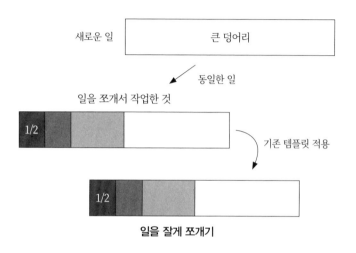

일을 잘게 쪼개기

하지만 일을 작게 나누면 훨씬 수월해집니다. 거대해 보이는 프로젝트라도 세부적인 관리를 통해 순차적으로 접근하면, 성공적으로 마무리 지을 수 있습니다. 게다가 작은 성취를 반복하는 과정에서 동기부여도 이루어지는 것이 장점이에요.

일을 작은 단위로 쪼개는 것은 업무 효율성 향상에 매우 중요합니다. 하지만 어떻게 일을 적절한 크기로 나눌 수 있을까요? 여기 몇 가지 구체적인 방법을 소개합니다.

오늘부터 실패하지 않게 일하는 법

첫째, 일을 반드시 같은 크기로 나눌 필요는 없습니다.

중요한 것은 업무의 특성과 복잡성을 고려해 적절한 수준으로 나누는 것입니다. 업무를 나눌 때는 각 단위 작업에 필요한 수행 시간, 투입되는 인력, 소요 비용 등 다양한 요소를 함께 고려해야 합니다.

둘째, 일의 마지막 단계에서부터 역순으로 계획을 세워보는 것도 효과적인 방법입니다.

최종 목표에서 시작해 거꾸로 계획을 수립하면, 업무 완수까지 거쳐야 할 과정들이 더 명확해집니다. 이를 통해 프로젝트의 전체적인 흐름을 파악하고, 중요한 단계를 놓치지 않을 수 있습니다.

셋째, 업무의 범위와 작업 시간을 명확히 설정하는 것이 도움됩니다.

총 작업 시간이 10시간으로 정해졌다면, 일거리를 5개로 나누어 각각 2시간씩 할당하는 식으로 계획을 세울 수 있습니다. 이렇게 작업 범위와 시간을 구체적으로 정의하면, 업무를 보다 체계적으로 관리하고 진행할 수 있게 됩니다.

강의 준비는 여러 단계로 이루어진 복합적인 과정으로, 단계마다 세심한 주의와 적절한 시간 배분이 필요합니다. 이를 효과적으로 수행하기 위해서는 작업을 잘게 나누어 관리하는 것이 중요합니다.

예를 들어, 신규 강좌를 기획하고 슬라이드를 제작하는 일을 세부적으로 나누어 볼 수 있습니다.

첫 번째 단계로 강의 기획에 2시간을 할당합니다.

이 단계에서는 강의의 전반적인 방향성과 목표를 설정하고, 핵심 주제를 선정하는 작업이 이루어집니다.

두 번째 단계로 목차 구성과 자료 조사에 6시간을 배정합니다.

이 단계에서는 강의 내용을 체계적으로 정리하고, 필요한 정보와 데이터를 수집하는 작업을 진행합니다. 이를 통해 강의의 골격을 잡고, 내용을 풍부하게 만들 수 있습니다.

세 번째 단계로 실제 슬라이드 제작에 8시간 정도를 할당합니다.

이 단계에서는 수집한 자료를 바탕으로 시각적으로 매력적이고 이해하기 쉬운 슬라이드를 만드는 작업이 이루어집니다. 적절한 이미지와 그래픽을 활용하고, 내용을 간결하고 논리적으로 구성해 수강생들의 이해를 돕는 것이 중요합니다.

이처럼 강의 준비라는 큰 작업을 세부 단계로 나누어 시간을 할당하면, 각 단계에 집중해 효율적으로 작업을 진행할 수 있습니

오늘부터 실패하지 않게 일하는 법

다. 또한 작업의 진행 상황을 쉽게 파악하고 관리할 수 있어, 전체 일정을 차질 없이 완수하는 데 도움이 됩니다.

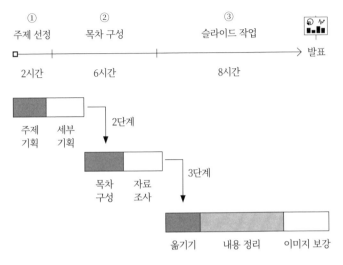

신규 강좌 기획 및 슬라이드 제작하기

이렇게 시간을 할당하고 일을 분할하는 작업은 개인의 업무 스타일에 따라 다소 차이가 있을 수 있습니다. 하지만 일을 잘게 쪼개어 처리하면 전체적인 작업 시간을 가늠할 수 있고, 각 단계에서 무엇을 해야 할지 구체적으로 파악할 수 있습니다. 특히 어느 정도 예상 시간이 산출되면 불안감도 줄어들고, 결과에 대해서도 어느 정도 예측할 수 있죠. 물론 16시간 이상의 충분한 시간이 있다면, 모든 작업을 마친 후 보완할 부분을 더 깊이 있게 다듬을 수도 있을 것입니다.

이와 달리 그저 '강의 기획 및 슬라이드 제작'이라는 막연한 과제를 할 일 목록에 올려놓고 주말까지 끝내려 한다면, 작업 속도는 물론 결과물의 질에서도 큰 차이를 느끼게 될 것입니다. 게다가 일을 잘게 나누어 진행하면 문제가 될 만한 부분을 사전에 발견하고 대비할 수 있다는 장점도 있죠.

결국 업무의 실패를 피하려면 가능한 한 일을 작은 단위로 쪼개고, 그렇게 나눈 작은 과제들을 하나씩 해결해나가는 것이 핵심입니다. 이렇게 하면 실수를 최소화하고 진행 상황을 명확히 파악할 수 있습니다. 무엇보다 이 방식은 작은 성취감을 느끼며, 일을 성공적으로 마무리할 수 있게 해준다는 데 의의가 있습니다.

오늘부터 실패하지 않게 일하는 법

역발상으로 생각하고
행동하라

우리는 때때로 익숙한 방식에서 벗어나 모든 것을 뒤집어 보고 싶은 충동에 사로잡힐 때가 있습니다. 기존의 순차적인 접근법이 비효율적일지도 모른다는 생각이 들 때가 바로 그런 순간입니다. 그럴 때 '역발상으로 일하기'라는 개념을 적용해보는 것은 어떨까요? 전통적인 방식을 거꾸로 뒤집으면 어떤 변화가 일어날지 상상해봅니다.

'역발상으로 일하기'의 기본 원리는 단순합니다. 우리는 일반적으로 일을 시작하고, 다음 단계를 진행하며, 마지막으로 작업을 완료하는 순서로 업무를 처리하곤 합니다. 하지만 '역순으로 일하기'는 이러한 순서를 반대로 뒤집을 것을 제안합니다. 먼저 목표를 설정하고, 그 목표에 도달하기 위해, 필요한 각 단계를 거꾸로 짜 맞추는 것이죠. 그리고 그 계획에 따라 업무를 진행하면서, 목표 달성을 위한 단계를 하나씩 거슬러 올라가는 것입니다.

새로운 제품을 출시하는 기업의 사례를 통해 '역발상으로 일하기'를 좀 더 구체적으로 살펴보겠습니다. 일반적으로 기업들은 '제품 아이디어 고안 → 제품 개발 → 제품 테스트 → 마케팅 계획 수립 → 제품 출시'의 순서로 프로세스를 진행합니다. 하지만 '역발상으로 일하기'를 적용하면, '제품 출시'를 최종 목표로 설정하고, 그다음 '마케팅 계획 수립 → 제품 테스트 → 제품 개발 → 제품 아이디어 고안'의 역순으로 작업을 진행하게 됩니다.

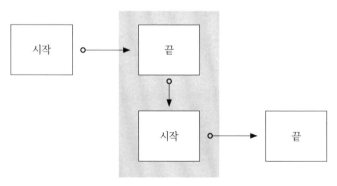

'역발상으로 일하기'의 기본 원리

그렇다면 이 접근법을 활용할 때 어떤 이점이 있을까요? 무엇보다 각 단계에서 수행해야 할 작업을 명확히 파악할 수 있어, 더 효율적인 일정 계획과 진행이 가능해집니다. 이를 바탕으로 실질적이고, 현실 가능한 목표 달성 계획을 수립할 수 있죠. 아울러 '역발상으로 일하기'는 우리의 시야를 전체적인 목표로 확대해주는데, 이는 큰 그림을 놓치지 않고 업무를 포괄적으로 이해하는 데 도움을 줍니다. 그 결과 실패의 위험을 줄일 수 있게 됩니다.

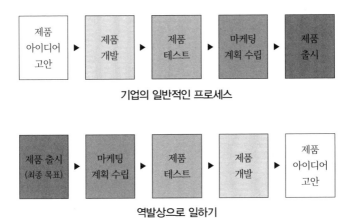

기업의 일반적인 프로세스

역발상으로 일하기

'역발상으로 일하기'를 적용하는 과정은 다음과 같습니다.

① 목표 설정 : 목표는 구체적이고 측정 가능해야 합니다. 예를 들어, "다음 달까지 새 제품 출시 준비를 완료한다"와 같이 명확하고, 달성 가능한 목표를 설정해야 합니다.

② 목표 달성을 위해 필요한 단계를 역순으로 나열 : 설정한 목표에서부터 시작해 현재 상태까지 거슬러 올라가며 각 단계를 순서대로 나열합니다. 예를 들면, '제품 발표 → 제품 데모 준비 → 제품 데모 시나리오 작성 → 제품 테스트 → 제품 개발 완료'의 순서로 정리할 수 있습니다.

③ 각 단계에 드는 시간과 자원 추정 : 나열된 단계별로 완료하는 데 필요한 시간과 자원을 추정합니다. 이를 바탕으로 각 단계를 진행하기 위해 어느 정도의 시간과 자원을 투입해야 할지 파악할 수 있습니다.

④ 계획 실행 : 모든 준비가 완료되면 수립된 계획을 실행에 옮깁니다. 각 단계를 추정된 시간과 자원에 맞춰 차례대로 진행하며, 필요에 따라 계획을 유연하게 조정합니다.

이렇게 '역발상으로 일하기'를 적용하면, 목표 달성을 위한 과정을 더욱 체계적으로 정리할 수 있으며, 각 단계에 필요한 시간과 자원을 효율적으로 관리할 수 있습니다. 또한 계획을 실행하는 과정에서 발생할 수 있는 문제점을 예측하고 대비할 수 있어, 목표 달성의 가능성을 높일 수 있습니다.

오늘부터 실패하지 않게 일하는 법

슬럼프를 극복하고,
자신감을 회복하는 법

슬럼프는 누구나 한 번쯤 겪게 되는 상황입니다. 때로는 자기 능력에 대해 의구심을 갖게 되고, 일이 뜻대로 풀리지 않을 때가 있습니다. 대형 프로젝트를 이끌게 되어 예상치 못한 일정 지연에 직면하게 된다면, 스트레스는 커지고 자신감은 떨어질 수밖에 없습니다. 이런 상황에서는 슬럼프에서 벗어나는 방안을 모색해야 합니다. 여기서는 자신감을 회복하는 몇 가지 방법을 소개하고자 합니다.

첫째, 간단하고 즉각적인 성과를 낼 수 있는 일부터 시작합니다.

슬럼프에 빠졌을 때는 자신감을 회복하는 것이 무엇보다 중요합니다. 이를 위해 가장 효과적인 방법 중 하나는 작고 간단한 일부터 시작하는 것입니다. 이렇게 하면 금방 결과를 볼 수 있어 성취감을 느낄 수 있고, 이는 자신감 회복으로 이어집니다.

이런 접근법의 좋은 예시로는 밀린 이메일을 정리하는 것이 있습니다. 이메일 정리는 비교적 쉽고 빠르게 할 수 있는 일이면서도, 업무 효율 향상에 직결되는 중요한 일입니다. 게다가 이메일을 정리하다 보면 지난 한 달 동안 잘 처리한 일들을 되돌아볼 수 있어 그동안의 성과를 재확인할 수 있죠. 이 과정에서 자신이 이루어 낸 것들을 하나하나 발견하게 되면, 자신감도 덩달아 회복되기 마련입니다.

둘째, 30분 이내에 완료할 수 있는 일을 찾아봅니다.

슬럼프를 겪을 때는 크고 복잡한 일을 앞두고 압도당하기 쉽습니다. 하지만 그럴 때일수록 오히려 작고 단순한 일에 집중하는 것이 도움이 될 수 있습니다. 30분 안에 끝낼 수 있는 일을 선택해 실제로 해내는 경험을 쌓다 보면, 점차 일에 대한 자신감이 생기고 더 큰 도전도 할 수 있게 됩니다.

여기서 주의할 점은 '완료'에 초점을 맞추는 것입니다. 아무리 작은 일이라도 그것을 끝까지 해내는 것이 중요합니다. 왜냐하면 그것이 자기 자신에 대한 믿음을 회복시키고, 업무에 대한 집중력을 높이는 첫걸음이 되기 때문입니다. 일을 반쯤 하다 만다면 오히려 자신감만 저하될 뿐이에요. 그러니 반드시 결과물을 만들어내는 데 주력해야 합니다.

가령 '오늘 아침에 메일 5개만 처리하자', '지금부터 30분 동안 보고서 초안을 작성하자' 같은 구체적이고, 달성 가능한 목표를 세우는 것이 좋습니다. 이렇게 작은 성취를 이루어내다 보면 어느새 자신감은 물론, 업무 능력도 향상되어 있을 것입니다.

셋째, 할 일 목록을 작성합니다.

업무에 대한 집중력을 어느 정도 회복했다면, 이제 좀 더 체계적으로 일을 진행할 때입니다. 가장 먼저 해야 할 일은 그날 처리해야 할 업무들을 나열해보는 것입니다. 모든 할 일을 빠짐없이 기록한 후에는 우선순위에 따라 정렬하세요. 가장 빨리 끝낼 수 있는 일, 가장 중요한 일 순으로 배치합니다.

자신의 역량에 맞는 일부터 천천히 시작하다 보면, 어느새 자신감이 살아나게 됩니다. 작은 성과들이 하나둘 쌓일수록 점점 더 난도 높은 일에 도전할 수 있는 용기도 생기게 마련이죠. 꾸준함의 힘을 믿고 포기하지 않는 것, 그것이 바로 성공의 비결입니다.

마지막으로 복잡하고 어려운 일을 무사히 마쳤을 때는 자기를 격려하고 칭찬해주는 것이 중요합니다.

이는 자신에 대한 믿음과 성취감을 고취해줌으로써, 다음 업무를 보다 효율적으로 해결하는 원동력이 되어 줍니다.

이때 만약 너무 큰일이 있다면 그것을 작은 단위로 쪼개는 것을 잊지 말아야 합니다. 한 번에 큰일을 다 하려 들면 또다시 부담감에 휩싸일 수 있습니다. 일을 꼼꼼히 분석한 뒤 실패의 위험이 없을 만큼 작은 단위로 나누세요. 그리고 그 작은 일들을 할 일 목록에 포함해 매일 조금씩 처리해나가는 것입니다. 이런 식으로 슬럼프에 대처해나간다면 어느새 자신감도 회복하고, 성공적으로 업무를 완수할 수 있게 될 것입니다.

'업무 관리 전략'으로
시간 부족에서 벗어나라

시간은 누구에게나 공평하게 주어진 한정된 자원입니다. 그런데도 어떤 이들은 늘 시간이 부족하다고 느끼곤 합니다. 특히 주 52시간 근무제 도입 이후 이런 문제가 더욱 두드러지게 나타나고 있습니다. 김 대리 역시 업무를 처리하면서 항상 '시간이 모자란다'라는 생각에서 벗어나지 못하고 있습니다.

문제의 핵심은 김 대리의 업무 처리 방식에 있습니다. 그는 그동안 단순 업무만을 수행해왔지만, 점차 업무가 복잡해지면서 기존의 방법으로는 더 이상 감당하기 어려워졌습니다. 이제 그에게는 한 단계 높은 수준의 역량이 요구되는 상황에 직면하게 된 것입니다.

그렇다면 김 대리처럼 업무 효율성을 높이고 싶은 사람들은 어떤 전략들을 고려해야 할까요? 함께 살펴보겠습니다.

첫째, 체계적인 업무 관리 및 처리 능력입니다.

효율적으로 일하기 위해서는 업무를 체계적으로 관리하고 처리하는 능력이 필수적입니다. 우선 해당 일자에 완수해야 할 과업을 정확히 파악하고, 자신의 역량을 고려해 현실적인 계획을 세우는 것이 중요합니다.

이때 주의할 점은 단순히 시간이 오래 걸리는 일이 반드시 중요한 일은 아니라는 사실입니다. 때로는 짧은 시간 안에 처리할 수 있지만, 높은 우선순위를 가진 업무가 있을 수 있기 때문이죠. 따라서 업무의 중요도와 긴급성, 마감 시한 등을 종합적으로 고려해 우선순위를 정하고 계획을 수립해야 합니다.

작업의 중요도와 긴급도를 기준으로 업무를 분류하는 '아이젠하워 매트릭스'나 전체 업무 성과의 80%가 특정 활동 20%에 나오는 것을 파악해 20%의 활동에 더 많은 에너지를 집중하는 '파레토의 법칙(80/20 법칙)' 등 검증된 시간 관리 기법을 활용하는 것도 도움이 될 거예요. 이를 통해 주어진 시간과 에너지를 핵심 업무에 집중함으로써 생산성을 극대화할 수 있습니다.

오늘부터 실패하지 않게 일하는 법

둘째, 문제 해결 능력입니다.

대부분의 업무 성과는 문제 해결 능력에 좌우된다고 해도 과언이 아닙니다. 특히 복잡하고 난도 높은 일일수록 이 능력의 중요성은 더욱 커지게 마련입니다.

문제 해결을 위해서는 먼저 해당 이슈의 본질을 정확히 파악하고, 가능한 해결책을 모색하는 과정이 필요합니다. 이때 다양한 관점에서 문제를 바라보고, 창의적인 사고를 발휘해 가설을 세우는 것이 도움이 됩니다. 그리고 이렇게 도출된 아이디어를 실제로 적용해보고, 결과를 분석하는 테스트와 검증 작업이 뒤따라야 합니다.

한 가지 명심할 점은 이 과정에서 '완벽한 해결'에 집착하기보다는 '현실적인 대안'을 찾는 데 주력해야 한다는 사실입니다. 제한된 자원 내에서 최선의 결과를 끌어내려면 때로는 타협점을 찾고, 신속한 의사결정을 내리는 유연성도 필요하기 때문입니다.

셋째, 디지털 도구 활용 능력입니다.

오늘날 직장에서 디지털 기술은 필수 불가결한 요소가 되었습니다. 업무의 상당 부분이 컴퓨터와 모바일 기기를 통해 이루어지고 있기에, 이러한 도구를 얼마나 잘 활용하느냐가 개인의 생산성에 직결되곤 합니다.

단순히 솔루션을 도입하는 데 그치지 않고, 각 도구의 기능과 장단점을 꿰뚫고, 자신의 업무 성격에 맞게 선택하고 응용하는 안목이 무엇보다 중요합니다. 예컨대 프로젝트 관리에는 트렐로(Trello)나 아사나(Asana), 팀 커뮤니케이션에는 슬랙(Slack)이나 마이크로소프트 팀즈(Teams) 등이 유용할 수 있겠습니다. 이 중에 자신에게 맞는 것을 선택합니다.

결국, 생산성 향상은 단순히 시간을 더 많이 투자하는 것이 아니라, 시간을 어떻게 활용하느냐에 달려 있습니다. 업무 처리 방식의 개선, 문제 해결 능력의 향상, 디지털 도구의 적극적인 활용, 이 세 가지 요소는 업무 생산성을 좌우하는 결정적인 요인입니다.

이 세 가지 요소는 개인의 성장뿐만 아니라 기업의 발전에도 중요한 역할을 합니다. 왜냐하면, 이를 통한 생산성의 향상은 기업의 경쟁력을 강화하는 데 기여하기 때문입니다. 따라서, 이러한 요소들을 적극적으로 지원하고 활용하는 것이 개인과 기업 모두에게 필수적인 방향입니다.

그러므로 업무에 치여 생산성 향상을 위한 노력이 어려운 사람들, 예를 들어 김 대리의 경우, 이 세 가지 핵심 요소를 활용하는 방법을 배우는 것이 중요합니다. 기업 역시 직원들이 이러한 요소들을 효과적으로 활용할 수 있도록 지원과 교육을 제공해야 합니다. 이를 통해 개인과 조직 모두가 지속적인 성장을 달성할 수 있습니다.

2장

나만의 효율적인
일하는 방식을 찾아라

일을 세분화해서
범위를 명확히 이해하라

일을 시작하기 전에 작업의 세분화와 이해는 필수적인 단계입니다. 일의 전반적인 범위를 파악함으로써, 작업의 순서와 예상 결과를 미리 알 수 있으며, 이는 문제나 오류를 사전에 발견하고 대응하는 데 큰 도움이 됩니다.

작업 전 일의 범위 파악

새로운 프로젝트를 시작할 때 목표 설정, 자원의 파악, 이해관계자의 식별, 그리고 예상 결과에 대한 이해는 매우 중요합니다. 일의 범위를 명확히 이해하고 세분화함으로써, 작업을 보다 작은 단위로 나누어 접근할 수 있게 됩니다. 이는 작업의 진행 상황을 계속해서 모니터링하고, 필요에 따라 조정할 수 있는 기반을 마련해줍니다. 더불어 이러한 접근 방식은 실패를 방지하고, 생산성을 향상하는 데 중요한 역할을 합니다.

작업의 이해도를 높이고 효율성을 증진하기 위해서는, 일의 범위를 이해하고 세분화하는 것이 중요합니다. 이제, 일을 효과적으로 세분화하는 방법에 관해 소개하겠습니다.

첫째, 일의 범위에 대한 이해가 필요합니다.

일을 시작하기 전에 일의 범위를 이해하는 것이 중요합니다. '일의 범위'란 특정 작업이나 프로젝트가 포함해야 할 활동과 결과물의 범위를 명확히 하는 것을 의미합니다. 이는 각 개인이나 팀 간에도 해석이 다를 수 있으므로, 일의 범위를 정확하게 이해하고 공유하는 것이 중요합니다. 일의 범위를 결정할 때 고려해야 할 요소로는 소요 시간, 참여할 인원, 필요한 자원 및 비용 등이 있으며, 일의 중요성과 가치 또한 함께 고려되어야 합니다. 이를 통해 기본적인 계획을 세워 일의 범위를 평가하고 결정할 수 있습니다. 이 과정은 프로젝트의 방향을 설정하고, 자원을 효율적으로 관리하는 데 필수적입니다.

둘째, 일 세분화 작업입니다.

일의 세분화는 복잡한 작업을 더 작은 단위로 나누어 관리할 수 있게 만드는 과정입니다. 이를 통해 단계별로 어떤 작업을 먼저 시작할지, 각 작업을 누가 어떻게 담당할지를 명확히 정할 수 있습니다. 또한, 작업의 시간을 정확하게 예측하고, 리소스 배분을 효율적으로 할 수 있게 됩니다. 일 세분화는 프로젝트의 전반적인 관리를 용이하게 하며, 실행 가능한 작업 단위를 명확히 해서 생산성을 높이는 데 기여합니다.

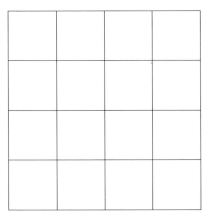

일을 세분화하기

셋째, 일을 순차적으로 실행합니다.

일을 세분화한 후에는 실행 가능한 작업을 찾아 to-do 리스트에 추가하고 순차적으로 수행합니다. 이 과정은 개인의 경험과 판단을 바탕으로 이루어지며, 각 작업을 효과적으로 진행할 수 있는 순서를 결정합니다. 순차적 실행은 프로젝트의 진행 상황을 체계적으로 관리하고, 각 단계의 완료를 통해 전체 프로젝트의 진행을 가시화합니다. 이 방법은 효율적인 시간 관리와 목표 달성의 체계를 제공하며, 프로젝트의 성공적인 완료로 이어질 수 있도록 합니다.

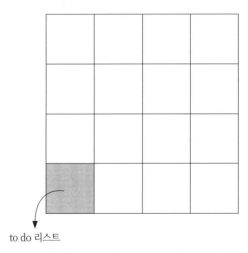

to do 리스트

실행 가능한 작업 찾아 to-do 리스트에 추가하기

그러나 이 과정을 진행하며 몇 가지 주의해야 할 점이 있습니다.

첫째, 완벽주의의 함정에 빠지지 않아야 합니다. 모든 것을 완벽하게 하려는 강박관념은 오히려 생산성을 떨어뜨릴 수 있습니다.

둘째, 시작할 작업을 정확히 식별해야 합니다. 가장 중요하고 시급한 작업부터 착수하는 것이 중요합니다.

셋째, 한 번에 너무 많은 일을 하려고 시도하지 않는 것이 중요합니다. 여러 작업을 동시에 처리하려고 하면 집중력과 효율성이 저하될 수 있습니다.

일의 범위를 이해하고, 작업을 세분화하며, 단계별로 실행하는 과정을 통해 복잡한 작업도 실패 없이 처리하는 방법을 배울 수 있습니다. 이 방법으로, 복잡하고 어려워 보이는 큰 작업도 작은 단위로 나누어 접근하면, 일의 생산성을 극대화할 수 있습니다. 이 접근법을 활용하면, 어떤 일도 더 이상 거대한 장애물이 아니라, 체계적으로 해결할 수 있는 관리 가능한 작은 조각들로 보게 됩니다.

일의 흐름을 파악하고
계획을 세워라

일의 범위를 정확히 파악하고, 그것을 세부적으로 나누어 실행함으로써 실패 없이 업무를 처리할 수 있습니다. 이런 접근 방식을 통해 처음에는 거대하고 복잡해 보이던 업무도 관리하기 쉬운 작은 조각들로 변모합니다. 이 과정을 통해 생산성은 최대화되며, 업무는 더 이상 부담스러운 존재가 아니라 체계적으로 해결할 수 있는 일련의 작은 과제들로 변화합니다. 이를 통해 우리는 업무를 실패 없이 처리하는 방법을 배우게 됩니다.

이제 중요한 질문이 생깁니다. 우리는 어떻게 이 작은 과제들을 관리하고, 그들 사이의 우선순위를 정하며, 일정을 관리하고, 이 모든 과정을 어떻게 실행하고 검토할 수 있을까요? 다음 단계에서는 이러한 질문들에 대한 해답을 탐색해보겠습니다.

첫째, 일의 흐름을 파악합니다.

일이 세분된 후, 그다음 단계는 각 작업이 어떻게 서로 연결되는지 이해하는 것입니다. 이는 작업을 순차적으로 진행하고, 각 작업이 서로에게 미치는 영향을 파악함으로써, 보다 효율적으로 계획하고 실행할 수 있도록 합니다.

일의 흐름 파악하기

예를 들어 책 집필 과정을 생각해보면 주제 연구, 대략적인 목차 구성, 각 장의 초안 작성, 편집 및 교정, 출판 등으로 세분됩니다. 각 과정이 어떻게 연결되어 있는지 이해하면, 각 작업의 우선순위를 정하고 효과적인 계획을 수립할 수 있습니다.

둘째, 우선순위를 설정하고 계획을 세웁니다.

생산성을 극대화하기 위해서는 작업의 우선순위를 설정하는 것이 필수적입니다. 가장 중요하거나 시급한 작업을 식별하고, 그것들을 먼저 완료해야 합니다. 우선순위가 정해지면, 어떤 작업을

오늘부터 실패하지 않게 일하는 법

언제 시작하고 마칠지, 실행에 필요한 자원과 시간은 얼마나 될지에 대한 구체적인 계획을 세웁니다. 이 계획은 일의 세분화와 흐름을 파악한 후에 이루어져야 하며, 전체 프로젝트의 성공적인 완수를 위한 청사진 역할을 합니다.

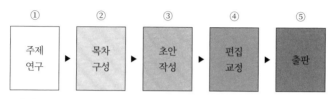

일의 우선순위 정하기

셋째, 계획을 실행하고 검토합니다.

실제 작업을 시작하기 전에 계획을 면밀하게 검토해야 합니다. 이는 계획이 현실적이고 실행 가능한지 확인하고, 필요한 모든 자원이 준비되어 있는지 확인하기 위함입니다. 그러나 계획대로 모든 것이 진행되지 않을 수도 있습니다. 예상치 못한 상황이 발생할 때는 신속하게 대응해 계획을 수정해야 합니다. 또한, 작업 진행 상황을 계속해서 모니터링하고 평가해, 계획에 따라 순조롭게 진행되고 있는지 확인하고, 필요한 조정을 하는 것이 중요합니다. 이 과정은 프로젝트의 목표 달성을 보장하고, 생산성을 최대화하는 데 도움을 줍니다.

마지막으로, 모든 작업이 완료된 후에는 그 결과를 검토하고 평가해야 합니다. 이 과정에서는 작업이 성공적으로 완료되었는지를 확인하고, 다음번 작업을 더 효과적으로 수행할 방법을 익히게 됩니다.

결국, 생산성을 향상하기 위해서는 작업의 이해와 세분화, 흐름의 파악, 계획의 수립, 실행 및 검토 등 여러 단계를 포함하는 종합적인 접근이 필요합니다. 이 과정을 통해 복잡한 작업을 체계적으로 관리하고, 성공적으로 완료하는 방법을 습득할 수 있습니다.

오늘부터 실패하지 않게 일하는 법

과거 경험을 통해
일의 범위를 파악하라

가끔 우리는 같은 실수를 반복하거나, 계획했던 일정 내에 작업을 완료하지 못하는 상황에 직면하곤 합니다. 이러한 문제를 해결하고 더 효율적으로 일하기 위해서는 과거의 작업 경험을 면밀하게 분석할 필요가 있습니다. 과거에 어떤 방식으로 작업을 진행했는지를 리뷰함으로써 향후 어떻게 접근해야 할지와 어떤 부분을 개선해야 할지에 대한 해답을 찾을 수 있습니다.

효율적으로 업무를 수행하기 위해서는 우리가 그동안 어떤 방식으로 작업을 해왔는지를 이해하는 것이 첫걸음입니다. 개인별로, 또 상황별로 업무 처리 방식과 대응 전략이 다를 수 있기 때문에 자신이 직면한 업무 상황을 깊이 있게 분석하는 것이 중요합니다.

이를 위해서는 지난 3개월간의 업무 활동을 꼼꼼히 검토하는 것이 유익합니다. 이 과정을 통해 특정 작업을 어떻게 처리했는지, 각 작업에 얼마나 시간을 할애했는지, 그리고 작업을 수행하면서 고려해야 했던 주요 요소들이 무엇이었는지 등을 명확히 파악할 수 있습니다.

과거 프로젝트를 면밀하게 분석하는 것은 새로운 프로젝트를 계획할 때 매우 도움이 됩니다. 우선, 최근 3개월 동안 진행한 업무들을 리스트업 하고, 그중에서 특히 중요했던 10개의 프로젝트를 선택합니다. 이렇게 선정된 프로젝트들을 다음 기준에 따라 상세하게 분석해보는 것이 좋습니다.

① 프로젝트 기간 : 프로젝트가 시작되어 종료되기까지의 전체 기간을 파악합니다.

② 작업의 복잡성 : 프로젝트를 구성하는 각 단계의 복잡성과 세부 요소들을 분석합니다.

③ 투입된 자원 : 프로젝트 수행에 소요된 시간, 인력, 재료, 비용 등 자원의 사용량을 검토합니다.

④ 문제와 장애물 : 프로젝트 진행 중에 발생한 문제점과 장애물, 그리고 이를 어떻게 해결했는지를 파악합니다.

⑤ 성공 요인과 실패 요인 : 프로젝트의 성공을 이끈 요인들과 실패

의 원인이 된 요소들을 파악합니다.

이러한 분석을 통해 새로운 프로젝트의 범위 설정 및 적절한 자원과 시간의 배정에 큰 도움을 받게 됩니다. 이 과정은 문제를 사전에 예측하고 대응하는 데 있어 매우 유용합니다. 심지어 작은 작업이라고 할지라도, 반복적으로 수행하면서 유사한 업무를 더욱 효율적으로 처리하는 방법을 발견하게 됩니다.

과거의 실패를 분석하는 것은 현재의 업무 효율성을 향상하고, 미래의 계획을 수립하는 데 핵심적인 역할을 합니다. 만약 예정된 시간 내에 완료하지 못한 프로젝트가 있다면, 그 원인을 분석해 시간 관리 전략을 개선할 수 있습니다. 프로젝트의 전체 진행 과정을 면밀하게 검토함으로써, 문제의 근본 원인을 파악할 수 있습니

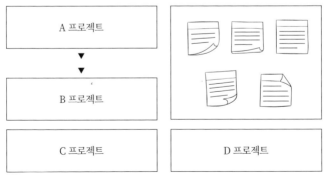

과거의 성공과 실패 분석하기

다. 이를 바탕으로 한 개선 계획은 미래 프로젝트에서 같은 문제가 재발하는 것을 방지하는 데 도움이 됩니다.

과거의 성공 사례를 분석하는 것 역시 매우 중요합니다. 성공한 프로젝트에서 어떤 전략이나 요소가 효과적이었는지 이해하면, 그 성공 요인을 다른 프로젝트나 업무에 적용함으로써 생산성을 증가시킬 수 있습니다. 과거 경험을 분석하고 이로부터 학습하는 과정은 현재의 작업 방식을 개선하고, 미래 업무 계획을 더욱 효율적으로 구성하는 데 크게 기여합니다.

오늘부터 실패하지 않게 일하는 법

생산성 향상을 위한
일의 우선순위 설정 방법

일의 우선순위를 결정하는 것은 생산성을 높이는 데 있어 핵심적인 요소입니다. 이를 위해서는 일의 중요성과 긴급성을 판단할 수 있는 능력이 필요하며, 이 능력은 과거의 경험과 분석을 통해 향상될 수 있습니다.

예를 들어, 과거 프로젝트 실패의 원인이 중요한 요소를 간과한 것이었다면, 이러한 경험은 유사한 상황에서 중요한 업무에 우선해서 집중해야 합니다. 반면, 어떤 프로젝트가 긴급한 업무를 먼저 처리함으로써 성공적으로 완료된 경우라면, 긴급한 업무에 우선순위를 두어야 한다는 것을 이해하게 됩니다.

중요한 업무   긴급한 업무

일의 우선순위 정하기

때때로, 예기치 않은 문제나 외부적 요인으로 급박하게 처리해야 할 일이 발생하기도 합니다. 이러한 상황에서도 과거의 경험을 바탕으로 판단을 내리면, 일의 우선순위를 더욱 효과적으로 설정할 수 있습니다. 모든 일을 동일한 우선순위로 취급하는 게 아니라, 중요성과 긴급성을 기준으로 순위를 정하는 능력이 필요합니다.

그렇다면, 어떻게 일의 우선순위를 정할 수 있을까요? '아이젠하워 매트릭스'와 '파레토 원칙'이 바로 그 해답을 제공합니다. 이 원칙들을 활용함으로써, 작업을 효율적으로 관리하고 생산성을 극대화할 수 있습니다.

'아이젠하워 매트릭스'는 작업의 중요도와 긴급도를 기준으로 업무를 분류하는 시간 관리 방식입니다. 이 매트릭스는 모든 업무를 네 가지 범주로 나눕니다. 중요하고 긴급한 일, 중요하지만 긴급하지 않은 일, 중요하지 않지만 긴급한 일, 그리고 중요하지도 긴급하지도 않은 일입니다.

구분	긴급한 일	긴급하지 않은 일
중요한 일	지금 당장 하라	언제 할지 결정하라
중요하지 않은 일	대신할 수 있는 사람에게 위임하라	지워버려라

아이젠하워 매트릭스

- 중요하고 긴급한 일 : 오늘 중으로 제출해야 하는 보고서 작성.
  이는 마감 기한이 임박했으며, 프로젝트의 성공에 결정적인 역할을 합니다.
- 중요하지만 긴급하지 않은 일 : 장기 프로젝트의 계획 수립.
  이는 프로젝트의 성공을 위해 필수적이지만, 즉시 완료할 필요는 없습니다.
- 중요하지 않지만 긴급한 일 : 동료의 부탁으로 처리하는 일상적인 업무.
  이는 즉각적인 주의를 요하지만, 궁극적인 목표 달성에는 큰 영향을 미치지 않습니다.
- 중요하지도 긴급하지도 않은 일 : 개인적인 일이나 취미 활동.
  이는 업무 시간에 처리할 필요가 없으며, 자유 시간에 즐길 수 있습니다.

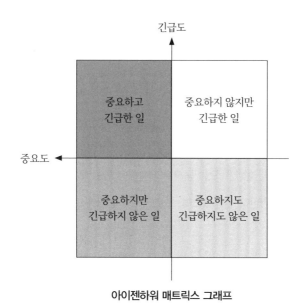

아이젠하워 매트릭스 그래프

파레토 법칙은 결과 대부분이 일부 원인에서 비롯된다는 이론을 제공합니다. 구체적으로, 결과의 80%가 원인의 20%에서 발생한다고 보며, 이 원칙을 활용하면 작업의 효율성을 크게 향상할 수 있습니다. 이는 작업의 우선순위를 정하고, 리소스를 할당하는 데 있어 중요한 작업에 집중해야 함을 강조합니다.

• 프로젝트 관리 : 만약 여러분이 여러 프로젝트를 관리하고 있다면, 파레토 법칙을 적용해볼 수 있습니다. 예를 들어, 전체 프로젝트 성과의 80%가 특정 프로젝트(전체의 20%)에서 발생한다는 것을 발견할 수 있습니다. 이는 해당 프로젝트에 더 많은 자원과 주

오늘부터 실패하지 않게 일하는 법

의를 집중해야 함을 의미합니다. 이를 통해 프로젝트 관리의 전반적인 성과를 증진할 수 있습니다.

- 개인 업무 효율성 : 개인의 일일 작업 목록을 분석했을 때, 전체 업무 성과의 80%가 특정 활동(20%)에서 나온다는 것을 알게 될 수 있습니다. 이는 그 20%의 활동에 더 많은 집중과 에너지를 할당함으로써, 업무의 전체 효율성을 극대화할 수 있음을 시사합니다.

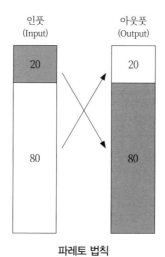

인풋
(Input)

아웃풋
(Output)

20

80

20

80

파레토 법칙

이 원칙들을 실제 업무 상황, 특히 대규모 프로젝트에 효과적으로 적용할 수 있을까요?

먼저, '아이젠하워 매트릭스'의 도움을 받아 '중요하고 긴급한 일'에 우선순위를 두고, 이를 가장 먼저 처리하는 접근 방식을 취하는 것이 바람직합니다. 이 과정을 통해 가장 시급한 문제에 대응함과 동시에 프로젝트의 핵심적인 부분을 놓치지 않게 됩니다. 이후 '중요하지만 긴급하지 않은 일'에 착수해서 중요한 작업을 체계적이고, 효과적으로 관리할 수 있게 됩니다.

다음으로, '파레토 법칙'을 적용해 프로젝트 결과에 가장 큰 영향을 미치는 핵심 요소들을 식별합니다. 이 원칙에 따르면, 작업의 약 20%가 전체 결과의 대부분인 80%를 창출합니다. 따라서 이 20%에 해당하는 핵심 작업에 집중해 시간과 노력을 할당함으로써, 전체 프로젝트의 효율성을 극대화할 수 있습니다. 즉, 더 적은 노력으로 더 큰 성과를 달성하는 것이 가능해집니다.

이처럼 '아이젠하워 매트릭스'와 '파레토 법칙'을 통합적으로 활용함으로써 프로젝트를 더욱 효과적으로 계획하고 실행할 수 있습니다. 이는 중요한 작업에 집중하고, 시간 관리를 최적화해 전반적인 업무 생산성을 높이는 데 큰 도움이 됩니다.

이 원칙들을 주간 작업 목록에 적용하는 방법을 살펴보겠습니다.

다음 주 월요일까지 완료해야 하는 작업들로 '보고서 작성', '프로젝트 회의 준비', '고객 미팅', '마케팅 전략 계획' 등을 예로 들어

봅시다. 이 작업들에 대해 '아이젠하워 매트릭스'를 활용해 각각의 중요도와 긴급도를 평가해보세요. 이 과정을 통해 어떤 작업이 즉시 처리해야 하는 긴급한 사항인지, 어떤 것이 중요하지만 조금 더 시간을 두고 처리할 수 있는지 명확히 구분할 수 있습니다.

그다음, '파레토 원칙'을 적용해 이 중에서 전체 결과에 가장 큰 영향을 미칠 수 있는 핵심 작업에 우선순위를 두어 집중하세요. 예를 들어, '보고서 작성'이 해당 주의 성과에 가장 큰 기여를 할 수 있는 작업이라고 판단된다면, 이 작업에 더 많은 시간과 자원을 할당하는 것이 좋습니다.

이런 식으로 작업 목록에 대해 '아이젠하워 매트릭스'와 '파레토 원칙'을 적용함으로써, 작업의 우선순위를 더욱 명확하게 설정하고, 제한된 시간과 자원을 가장 효과적으로 활용할 수 있게 됩니다. 이 과정은 단순히 개인의 업무 효율을 높이는 데 그치지 않고, 팀이나 조직 전체의 성과에도 긍정적인 영향을 미칩니다. 이를 통해 업무 프로세스가 더욱 최적화되고 목표 달성을 위한 경로가 명확해지며, 결국 조직 전체의 목표를 효과적으로 달성할 수 있는 기반을 마련하게 됩니다.

나만의
시간 관리 전략을 찾아라

시간 관리는 현대 사회에서 모두에게 필수적인 기술입니다. 우리는 일상과 직장에서 다양한 업무를 처리해야 하므로 시간을 효과적으로 활용하는 방법을 알아두는 것이 매우 중요합니다. 이를 위해 '나만의 시간 관리 전략을 찾기 위한 다섯 가지 방법'을 익히고, 성공한 인물들의 시간 관리 전략을 관찰하고 배우는 것이 큰 도움이 될 수 있습니다.

성공한 사람들의 시간 관리 방법을 연구하면, 다양한 전략과 원칙을 발견할 수 있습니다. 이러한 원칙들은 시간을 더욱 효율적으로 사용하고, 일과 개인 생활의 균형을 유지하는 데 도움을 줍니다. 하지만 가장 중요한 것은 개인의 상황에 맞는 시간 관리 원칙을 찾

오늘부터 실패하지 않게 일하는 법

아 적용하고, 이를 일상생활에 통합하는 것입니다.

이를 위해 '성공한 인물들의 시간 관리 전략'을 참고해, '나만의 시간 관리 전략을 찾기 위한 다섯 가지 방법'을 실천해보는 것이 좋습니다. 이 과정에서 자신의 생활 패턴, 업무 스타일, 선호도 등을 고려해 가장 적합한 전략을 선택하고, 이를 꾸준히 실천하는 것이 중요합니다. 이렇게 개인에 맞춰 설정하고 실천한 원칙들은 일상의 효율성을 크게 향상시킬 수 있습니다.

나만의 시간 관리 전략을 찾기 위한 다섯 가지

시간을 효과적으로 관리하는 것은 많은 사람이 꿈꾸는 목표 중 하나입니다. 하지만 이를 실현하는 것은 쉽지 않은 일입니다. 우리의 시간은 한정되어 있으며, 일상은 예측할 수 없는 일들로 가득 차 있기 때문입니다. 그럼에도 불구하고, 시간 관리 전략을 개발하고 실천함으로써 우리는 더욱 풍요로운 삶을 살 수 있습니다. 이 글에서는 나만의 시간 관리 전략을 찾기 위한 다섯 가지 주요 전략을 제안하고 있습니다. 이 전략들은 우리가 시간을 더욱 효과적으로 활용하고, 균형 잡힌 일상을 설계하는 데 도움을 줄 것입니다.

첫째, 목표 설정입니다.

우선순위를 명확히 하고, 달성하고자 하는 목표를 설정합니다. 이는 단기적 목표일 수도 있고, 장기적 목표일 수도 있습니다. 목표를 설정함으로써 어떤 작업이 가장 중요한지 결정하고, 그에 따라 시간을 할애할 수 있습니다.

예로 만약 당신이 작가라면, 단기 목표로는 '이번 주에 5개의 챕터 초안 작성하기'를, 장기 목표로는 '6개월 이내에 소설 완성하기'를 설정할 수 있습니다. 이를 통해 매일 어느 정도의 시간을 글쓰기에 할애해야 하는지 결정할 수 있습니다.

둘째, 일정 계획입니다.

주간 또는 일간 일정을 계획하고, 각 작업에 필요한 시간을 추정합니다. 중요한 일에 더 많은 시간을 할애하고, 덜 중요한 일은 나중에 처리하거나 최소한의 시간만 사용합니다. 또한, 여유 시간을 일정에 포함해서 예상치 못한 일에 대비할 수 있습니다.

예로 일주일간의 일정을 계획할 때 중요 프로젝트 작업에 매일 오전 시간을 할애하고, 오후에는 덜 중요한 업무나 행정 작업을 배치합니다. 또한, 매일 30분을 미팅 준비 시간으로 남겨두어 예기치 않은 회의에도 대비할 수 있습니다.

셋째, 우선순위 결정입니다.

오늘부터 실패하지 않게 일하는 법

모든 작업이 동일한 중요도를 가지는 것은 아닙니다. 가장 중요하고 긴급한 작업부터 처리하고, 그다음으로 중요한 작업을 순차적으로 진행합니다. 이를 위해 '아이젠하워 매트릭스'와 같은 도구를 활용할 수 있습니다.

예로 프로젝트 마감일이 다가오는 작업은 '중요하고 긴급한' 카테고리에, 직장 내 교육 프로그램 참석은 '중요하지만 긴급하지 않은' 카테고리에 배치할 수 있습니다.

넷째, 시간 블록화입니다.

작업을 위한 시간을 특정 블록으로 설정하고, 그 시간 동안에는 오직 한 가지 작업에만 집중합니다. 예를 들어, 오전에는 창의적인 작업을, 오후에는 회의나 이메일 처리와 같은 행정적 작업을 할당하는 방식입니다.

예로 매일 오전 9시부터 11시까지는 글쓰기에, 오후 1시부터 3시까지는 시장 조사에, 그리고 오후 4시부터 5시까지는 이메일 확인 및 회신에 전념하는 시간 블록을 설정합니다. 이를 통해 각 작업에 집중하고, 시간을 효율적으로 활용할 수 있습니다.

다섯째, 휴식 시간 계획입니다.

예로 지속적인 작업만큼 중요한 것이 휴식입니다. 효과적인 휴식 시간을 계획해서 업무로 인한 스트레스를 줄이고 재충전하는 시간을 갖습니다. 짧은 산책, 명상, 커피 브레이크 등을 통해 몸과 마음을 재충전할 수 있습니다.

예로 업무 시간 중 2시간마다 10분간의 휴식 시간을 갖도록 계획합니다. 이 시간에는 사무실 밖으로 짧은 산책을 하거나 명상을 해서 정신적, 육체적으로 재충전합니다. 점심시간에는 항상 30분을 책 읽기나 가벼운 운동에 할애해 마음을 진정시키고, 오후 업무에 집중할 수 있는 에너지를 얻습니다.

이 다섯 가지 전략을 실천함으로써, 우리는 시간을 훨씬 더 효과적으로 관리하고, 일상의 균형을 더하는 동시에 개인적인 목표와 꿈에 한 걸음 더 다가갈 수 있습니다. 시간은 우리에게 주어진 가장 귀중한 자원 중 하나입니다. 이를 통해 우리는 더 많은 것을 이루고, 삶의 질을 향상할 수 있습니다.

오늘부터 실패하지 않게 일하는 법

성공한 사람들의
시간 관리 전략

시간 관리는 단순히 업무를 처리하는 기술을 넘어서 우리의 삶의 질을 결정짓는 중요한 요소입니다. 성공한 사람들의 시간 관리 전략을 통해, 우리는 그들이 어떻게 하루 24시간을 최대한 활용해 뛰어난 성과를 달성하는지 배울 수 있습니다. 이러한 전략들은 우리에게 각자의 목표와 꿈을 실현하는 데 필요한 시간을 최적화하는 방법을 제공합니다.

일론 머스크 : 시간을 5분 단위로 나누어 계획하기

일론 머스크(Elon Musk)는 하루를 5분 단위로 세분화해 계획합니다. 예를 들어, 오전 9시부터 5분 동안은 이메일을 확인하고, 그

다음 5분은 테슬라의 생산 라인을 점검하며, 그 후 5분은 스페이스X의 로켓 설계를 검토하는 식으로, 시간대별로 구체적인 일정을 관리합니다. 이 방법을 통해, 일론 머스크는 다수의 프로젝트를 병행하면서 각각에 효율적으로 집중할 수 있습니다.

워런 버핏 : 중요한 일에 집중하기

워런 버핏(Warren Buffett)은 매년 자신의 목표 리스트를 만듭니다. 그리고 이 리스트에서 가장 중요한 5개의 목표를 정해 집중적으로 추진하고, 나머지 20개의 목표는 피해야 할 일로 분류합니다. 이 방식을 통해 그는 자원을 가장 중요한 목표에 집중시킵니다. 예를 들어 투자 전략 수립, 경영진과의 미팅, 시장 분석 같은 핵심 업무에 대부분 시간을 투자합니다.

팀 페리스 : 80/20 원칙 적용하기

팀 페리스(Tim Ferriss)는 자신의 사업에서 수익의 80%를 창출하는 상위 20%의 고객에게 집중합니다. 이를 위해 고객 데이터를 분석하고, 핵심 고객과의 관계 강화에 많은 시간을 투자합니다. 반면, 수익 기여도가 낮은 하위 80%의 고객에 대해서는 자동화된 시스템을 활용하거나 아웃소싱을 통해 시간 투자를 최소화합니다.

오늘부터 실패하지 않게 일하는 법

마크 저커버그 : 필요 이상의 결정 최소화하기

마크 저커버그(Mark Zuckerberg)는 매일 같은 그레이 티셔츠를 입음으로써, 의사결정에 필요한 에너지를 절약하는 전략을 채택합니다. 그는 또한 페이스북 내에서 불필요한 회의 수를 줄이고, 의사결정 과정을 단순화함으로써 핵심적인 문제에 집중할 수 있도록 합니다. 이러한 방식으로, 그는 중요한 결정에 더 많은 시간과 에너지를 할애할 수 있습니다.

빌 게이츠 : '딥 워크'로 집중력 최대화하기

빌 게이츠(Bill Gates)는 중대한 프로젝트를 시작할 때, 외부 세계와의 모든 연락을 차단하고 일주일간 고립된 캐빈에서 시간을 보내는 '씽크 위크(Think Week)' 방식을 채택합니다. 이 독특한 기간 동안, 그는 아이디어 발굴과 전략 계획에 전념하며, 깊은 사고를 통해 창의적인 해결책을 탐색합니다. 일상생활로 돌아온 후에도, 빌 게이츠는 일정 시간을 특정 작업에 전적으로 집중하는 시간 블록을 설정함으로써, 핵심 업무에 대한 깊은 몰입을 유지합니다.

일론 머스크, 워런 버핏, 팀 페리스, 마크 저커버그, 빌 게이츠 등 다양한 분야에서 성공을 거둔 사람들의 시간 관리 전략을 알아보았습니다. 그들의 원칙은 개개인의 업무 스타일과 생활 방식에 따라 적절히 조정할 수 있으며, 이를 통해 개인의 생산성과 효율성을 극대화할 수 있습니다. 우리가 일상생활에서 이러한 원칙을 적용한다면, 시간을 통제하고 관리하는 능력을 기를 수 있고, 나아가 우리가 진정으로 가치 있게 여기는 일에 더 많은 시간을 투자할 수 있게 될 것입니다.

성공한 사람들의 시간 관리 방법을 배우는 과정은 그들이 자신의 목표, 열정, 한계를 어떻게 파악하고, 그에 맞는 시간 관리 전략을 어떻게 수립하는지 이해하는 것입니다. 이러한 통찰력에서 영감을 얻어 자신만의 시간 관리 전략을 만들고 실천해보면 좋겠습니다. 그렇게 함으로써 우리는 삶에서 더 큰 성취와 만족을 이룰 수 있을 것입니다.

오늘부터 실패하지 않게 일하는 법

성공적인 프로젝트 기획을 위한 3단계 전략

새로운 제품이나 콘텐츠를 기획한다는 것은 누구에게나 쉽지 않은 과제일 수 있습니다. 초보자들이 처음 직면하는 어려움은 주로 이해력과 전문성의 부족에서 비롯됩니다. 특히 전문적인 주제에 대해 기획을 시도하려 할 때는 더욱 복잡하게 느껴질 수 있고, 성공에 대한 압박감 때문에 효과적인 기획을 위한 작업이 힘들어지기도 합니다. 이런 상황에서는 체계적이고 단계적으로 접근할 수 있는 기획 방법론이 필요합니다.

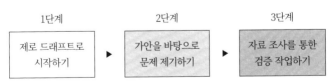

체계적이고 단계적으로 접근하는 기획 방법론

다음에 소개할 3단계 방법론은 기획 과정에서 의도와 목표를 명확히 설정하고, 신속하게 실행 계획을 수립하는 데 도움을 줍니다. 이를 통해 작업 시간을 효율적으로 관리하고, 결과물에 대한 불확실성을 최소화할 수 있습니다.

1단계 : 제로 드래프트로 시작하기

제로 드래프트(Zero Draft)는 기획 과정의 첫 단계로, 아이디어를 자유롭게 생성하고 정리하는 단계를 의미합니다. 이 단계에서는 완벽한 결과물을 만들어내야 한다는 부담감에서 벗어나, 머릿속에 떠오르는 생각을 있는 그대로 표현하는 데 집중합니다.

우선 기획하고자 하는 주제와 관련된 모든 아이디어, 키워드, 질문 등을 자유롭게 나열해보세요. 이때 아이디어의 질이나 실현 가능성에 대해 너무 깊이 고민할 필요는 없습니다. 중요한 것은 창의적 사고를 자극하고, 발산적 사고를 촉진합니다.

예를 들어 새로운 모바일 앱을 기획한다고 가정해봅시다. 세로 드래프트 단계에서는 앱의 목적, 타깃 사용자, 주요 기능, 차별점 등에 대한 아이디어를 자유롭게 적어볼 수 있습니다. 마인드맵이나 브레인스토밍 기법을 활용하면 더 효과적입니다.

오늘부터 실패하지 않게 일하는 법

이렇게 작성된 제로 드래프트는 다음 단계에서 아이디어를 구체화하고, 실행 계획을 수립하는 데 있어 토대가 됩니다. 즉 제로 드래프트 그 자체로 완성된 기획안이 되는 것은 아니지만, 창의적이고 혁신적인 콘셉트를 도출하는 데 있어 중요한 역할을 합니다.

제로 드래프트의 핵심은 '제약 없이 사고하기'입니다. 현실적 제약을 걱정하기보다는 자유로운 상상력을 발휘하는 데 주력하세요. 기존의 고정관념이나 틀에 박힌 사고에서 벗어나는 것이 창의적인 아이디어를 끌어내는 지름길이 될 수 있습니다.

또한, 이 과정에서 팀원들과 활발히 소통하는 것도 매우 중요합니다. 혼자서 모든 것을 떠올리려 하기보다는 동료들의 다양한 관점과 아이디어를 공유하고 발전시켜 나가세요. 이는 기획안의 완성도를 높이는 데 큰 도움이 될 것입니다.

피터 드러커(Peter Ferdinand Drucker) 교수가 '프로페셔널의 조건'에서 강조한 것처럼, 제로 드래프트는 전문가로서 갖춰야 할 중요한 역량 중 하나입니다. 체계적이고 전략적인 사고를 하기에 앞서, 자유로운 발상으로 새로운 가능성을 모색하는 과정이 선행되어야 합니다.

이처럼 제로 드래프트는 기획의 첫걸음을 내딛는 중요한 단계입니다. 아이디어의 싹을 틔우고 무한한 가능성을 열어젖히는 과정이라고 할 수 있습니다. 초보자뿐만 아니라 경험 많은 기획자들에게도 제로 드래프트를 통한 발산적 사고는 매우 유용한 도구가 될 수 있습니다.

2단계 : 가안을 바탕으로 문제 제기하기

제로 드래프트를 통해 기획의 대략적인 방향성이 잡히면, 그다음 단계는 해당 주제와 관련된 다양한 질문을 던지고 답을 모색하는 과정입니다. 이는 주제에 대한 이해를 심화하고 더 깊이 있는 사고를 촉진하는 데 도움이 됩니다. 질문을 구성할 때는 '누가, 언제, 어디서, 무엇을, 어떻게, 왜'라는 육하원칙을 적용해보는 것이 좋습니다.

예를 들어 앞서 언급한 모바일 앱 기획의 경우, 다음과 같은 질문들을 고려해볼 수 있습니다.

① 이 앱의 주요 사용자는 누구인가? (누가)
② 사용자들은 주로 언제, 어디서 이 앱을 사용하게 될까?
　 (언제, 어디서)

③ 이 앱이 제공하는 핵심 가치는 무엇인가? (무엇을)

④ 사용자의 니즈를 충족시키기 위해 어떤 기능들이 필요할까?
  (어떻게)

⑤ 사용자는 왜 이 앱을 선택하게 될까? 경쟁 앱과의 차별점은? (왜)

이처럼 스스로 질문을 던지고, 그에 대한 해답을 모색하는 과정이 바로 문제 제기입니다. 문제점을 능동적으로 발견하고 해결책을 고민함으로써 기획안을 보다 구체화하고 다듬어 갈 수 있습니다. 이 단계를 거치면서 초기 제로 드래프트에서 간과했던 부분들이 보완되고, 다양한 관점이 반영되어 기획안의 완성도가 한층 높아지게 됩니다.

문제 제기 과정에서는 팀원들과의 활발한 토론이 큰 도움이 될 수 있어요. 각자가 던진 질문과 의견을 공유하고, 서로 다른 관점에서 해법을 모색하다 보면, 사고의 폭이 넓어지고 창의적인 아이디어가 떠오르기 마련이죠. 고객 인터뷰나 시장 조사 등을 통해 실제 사용자의 목소리를 듣는 것도 중요한 정보가 될 수 있습니다.

단, 이 과정에서 너무 완벽한 답을 찾으려 하기보다는 '적정 수준의 해법'을 찾는 데 초점을 맞추는 것이 좋습니다. 한정된 자원 내에서 최선의 결과물을 만들어내려면, 때로는 80%의 만족감을 추구하는 유연성도 필요하기 때문입니다.

문제 제기 단계를 효과적으로 수행하기 위해서는 끊임없는 호기심과 질문하는 자세가 무엇보다 중요합니다. 자기 생각에 안주하지 않고 늘 '왜?'라는 의문을 품는 습관, 그리고 그 답을 찾아가는 과정 자체를 즐기는 마음가짐이 뒷받침되어야 합니다.

이렇듯 체계적인 문제 제기는 단순히 주어진 주제에 대해 고민하는 것을 넘어, 능동적으로 해법을 모색하고 기획을 진화시켜 나가는 원동력이 됩니다.

3단계 : 자료 조사를 통한 검증 작업하기

앞선 문제 제기 단계에서 도출된 질문들에 대한 답을 마련했다면, 이제 그 내용을 검증하고 보완하는 작업이 필요합니다. 바로 자료 조사를 통해 기획안의 정확성과 타당성을 확인하고 강화하는 과정입니다.

제기된 질문들에 대해 초안 답변을 작성한 후, 그 내용을 뒷받침할 만한 객관적인 데이터와 사례들을 수집해봅니다. 시장 조사 보고서, 관련 문헌, 통계 자료, 전문가 인터뷰 등 다양한 채널을 활용해 정보를 수집하고 분석합니다.

모바일 앱 기획을 예로 들면, 우선 비슷한 유형의 앱들을 벤치마킹하고 장단점을 분석해볼 수 있겠죠. 또한 앱스토어 리뷰나 사용자 피드백을 통해 실제 고객들의 니즈와 불만 사항을 파악하는 것도 중요합니다. 한편 모바일 앱 시장의 최신 트렌드와 전망에 대한 자료를 찾아보는 것도 도움이 될 것입니다.

이렇게 수집한 자료를 바탕으로 초기 가안을 수정하고 보완해 나갑니다. 객관적인 사실에 기반한 내용으로 기획안을 업데이트하고, 논리적 흐름과 설득력을 높여가는 과정이죠. 자료 조사를 통해 발견한 새로운 인사이트를 반영하면, 기획안은 한층 더 풍성해지고 완성도 높은 초안으로 거듭나게 됩니다.

이 단계에서는 꼼꼼함과 끈기가 무엇보다 중요합니다. 괜찮은 자료를 찾기 위해서는 인내심을 갖고, 끝까지 파고드는 자세가 필요하기 때문입니다. 또한 자료의 출처와 신뢰성을 꼭 확인하는 습관을 들이는 것이 좋습니다. 검증되지 않은 정보는 오히려 기획안의 질을 떨어뜨릴 수 있습니다.

자료 조사 과정에서는 팀원들과의 협업도 큰 힘이 됩니다. 방대한 자료를 혼자 감당하기보다는 역할을 분담하고, 서로 발견한 정보와 인사이트를 공유하며 시너지를 내보세요. 다양한 관점에서 수집된 자료들은 기획안을 한층 더 견고하게 만드는 밑거름이 될 것입니다.

이처럼 자료 조사를 통한 검증 작업은 기획의 완성도를 높이는 데 있어 필수적인 과정입니다. 초안을 다듬어가며 논리적 허점을 메우고, 설득력 있는 근거를 보강하다 보면 어느새 자신감 넘치는 기획안이 탄생하게 될 것입니다.

이상의 3단계 방법론, 즉 제로 드래프트 작성 → 문제 제기 → 자료 조사를 통한 검증의 과정은 초보자도 체계적으로 기획에 접근할 수 있는 좋은 가이드라인이 됩니다. 각 단계를 착실히 밟아나가다 보면, 기획이 주는 막연한 두려움에서 벗어나 자신만의 노하우를 쌓아갈 수 있을 것입니다.

다음은 '스마트폰 활용 방안'에 대한 강의 기획을 3단계로 구성한 예시입니다.

1단계 : 제로 드래프트로 시작하기

가장 먼저 스마트폰 활용과 관련된 개인적인 생각과 경험을 자유롭게 기록해봅니다. 가령 '일상생활에서 스마트폰을 어떻게 활용하고 있는가?', '스마트폰 활용으로 인해 어떤 긍정적인 효과를 경험했는가?', '어떤 스마트폰 앱이 효율적인 일상을 만드는 데 도움이 되는가?' 등의 생각을 망설임 없이 적어 내려가 보세요. 이렇게 자기 경험과 인사이트를 나열하는 것이 제로 드래프트 작성의 출발점이 될 것입니다.

2단계 : 가안을 바탕으로 문제 제기하기

제로 드래프트를 토대로 스마트폰 활용과 관련된 핵심 이슈들을 도출하고, 그에 따른 질문들을 생성해봅니다. 예를 들면 '스마트폰을 활용해 시간 관리를 더욱 효과적으로 할 수 있는 방법은 무엇일까?', '스마트폰이 효율적인 학습을 돕는 도구로 활용될 수 있을까?', '일상생활에 실질적인 도움을 주는 유용한 스마트폰 앱에는 어떤 것들이 있을까?' 등의 질문을 통해 문제의식을 구체화하고 해결 방안을 모색해보세요.

3단계 : 자료 조사를 통한 검증 작업하기

문제 제기 단계에서 도출된 질문들에 대한 해답을 찾기 위해 관련 자료를 광범위하게 조사합니다. 가령 '시간 관리 앱의 효과성을 입증한 연구 보고서', '스마트폰 활용의 성공 사례와 실패 사례', '다양한 스마트폰 앱의 사용 후기 및 장단점 비교 분석' 등의 자료를 수집하고 분석하며, 강의 내용을 보완하고 타당성을 검증하는 거죠. 이 과정을 통해 기획안에 신뢰성과 전문성을 더할 수 있습니다.

이와 같은 3단계 프로세스는 강의 주제를 불문하고, 모든 기획 과정에 폭넓게 적용될 수 있는 방법론이라고 할 수 있습니다. 체계적이고 논리적인 사고의 흐름에 따라 단계적으로 기획을 진행함으로써 주제에 대한 심도 있는 이해와 더불어 명쾌한 구성안 도출이 가능해지는 것이죠.

이 방법론이 지닌 장점은 기획의 전 과정에서 업무 효율성과 자료 조사의 생산성을 극대화한다는 데 있습니다. 특히 제로 드래프트 작성 단계는 아이디어 도출과 구체화에 드는 인지적 부담을 경감시켜 주면서도, 성공적인 기획안 완성의 토대를 마련하는 데 결정적인 역할을 합니다. 따라서 기획이 주는 부담감을 최소화하면서도 그 장점은 십분 활용할 수 있도록 바로 지금, 이 기획 프로세스를 시작해보시기를 적극적으로 권유해드립니다.

3장

질문을 통해 사고를 확장하고
문제를 해결하라

적절한 질문은 수백 권의 책을 읽는 것이나 다양한 경험을 통해 얻는 깨달음보다 훨씬 더 깊은 이해와 통찰을 제공할 수 있습니다. 종종 '답은 이미 우리 내부에 있다'라고 말하는데, 이는 내면의 해답을 끌어내는 데 적절한 질문, 즉 문제 제기 능력이 중요한 역할을 한다는 것을 의미합니다.

　카와다 신세이(河田眞誠)의 저서 《질문력》*에서는 다음과 같은 내용을 언급하고 있습니다.

　"와이어드(Wired)의 공동 창간자이자 편집장인 케빈 켈리(Kevin Kelly)는 '앞으로의 세계는 컴퓨터가 답을 제공하고 사람의 역할은 질문을 하는 것이 될 것'이라고 말하며, 4차 산업혁명 이후 '질문 생성 기술'의 중요성을 강조했습니다. 이는 일하는 방식의 변화와 함께 사고와 가치의 패러다임이 변화하고 있음을 시사합니다."

　이러한 관점에서 볼 때, 질문하는 방식에 따라 결과가 달라질

* 카와다 신세이, 《질문력》, 토트출판사, 2017

수 있습니다. 즉, 품질 높은 질문을 통해 최적의 답변을 끌어낼 수 있습니다. 이는 우리가 직면한 문제를 해결하는 데 있어서도 마찬가지입니다. 효과적인 문제 해결은 올바른 질문을 던짐으로써 시작되며, 이는 궁극적으로 더 깊은 이해와 통찰로 이어집니다.

특히, 현대 사회에서 정보의 양이 방대해지고 기술이 급속히 발전함에 따라, 단순히 정보를 암기하거나 기술을 사용하는 것만으로는 충분하지 않게 되었습니다. 중요한 것은 복잡한 정보 속에서 핵심을 찾아내고, 새로운 상황에 맞는 적절한 질문을 던질 수 있는 능력입니다. 이런 점에서 '질문력'은 4차 산업혁명 시대의 핵심 역량 중 하나로 부상하고 있습니다.

따라서, 우리는 질문을 통해 더 넓은 관점을 가지고 생각을 확장하며, 복잡한 문제에 대한 해결책을 찾아가는 과정에서 질문의 중요성을 인식해야 합니다. 질문은 단순히 정보를 얻기 위한 수단이 아니라, 생각을 깊게 하고, 새로운 가능성을 탐색하며, 우리가 처한 문제에 대한 근본적인 이해를 돕는 도구입니다.

질문이 가져다주는
변화 세 가지

질문은 단순히 정보를 얻기 위한 수단이 아니라, 사고의 스위치를 켜고, 깊은 이해와 통찰을 얻을 수 있는 강력한 도구입니다. 이를 통해 우리는 문제에 대한 새로운 시각을 발견하고, 최적의 해결책을 모색할 수 있습니다. 질문이 주는 세 가지 주요 장점을 통해, 우리는 어떻게 질문이 우리의 사고방식과 결정 과정에 긍정적인 영향을 미칠 수 있는지 살펴볼 것입니다

첫째, 사고의 스위치를 켜는 역할을 합니다.

질문은 우리가 사물을 바라보는 방식을 주관적 관점에서 객관적 관점으로 전환하게 도와줍니다. 이를 통해 우리는 미처 생각하지 못했던 부분까지 깊이 탐색할 수 있게 되며, 이 과정에서 새로

운 아이디어와 통찰을 얻을 수 있습니다.

예로 "이 제품의 장단점은 무엇일까?"라는 질문을 통해, 우리는 제품을 다양한 각도에서 바라보게 되고, 이전에는 생각하지 못했던 측면까지 고려하게 됩니다. 이는 제품에 대한 더 깊은 이해와 통찰을 얻는 데 도움이 됩니다.

둘째, 스스로 최적의 결정을 내릴 수 있게 도와줍니다.

결정해야 할 문제가 있을 때, 각각의 상황에 대해 질문함으로써 우리는 그 문제를 더욱 심층적으로 탐구할 수 있습니다. 이러한 과정을 통해 우리는 충분한 정보를 바탕으로 최고의 선택을 할 수 있게 되며, 이는 결국 더 나은 결과를 끌어낼 수 있는 토대가 됩니다.

예로 "이 두 가지 옵션 중 어떤 것이 더 나은 선택일까?"라는 질문을 통해, 우리는 각 옵션의 장단점을 면밀하게 분석하고, 상황에 맞는 최선의 결정을 내릴 수 있습니다. 이 과정에서 우리는 문제를 더욱 심도 있게 이해하고, 합리적인 선택을 할 수 있게 됩니다.

셋째, 현재 필요한 답변을 도출해내는 데 도움을 줍니다.

자신에게 질문하고 그에 대한 답변을 스스로 찾아가는 과정은 해당 주제에 대한 이해를 높이는 데 크게 기여합니다. 이는 결국, 우리가 목표하는 답변에 도달할 수 있도록 길잡이 역할을 하며,

복잡하게 느껴지던 문제들도 질문과 답변의 과정을 통해 더 쉽게 해결할 수 있게 해줍니다.

예로 "이 개념을 더 쉽게 이해하려면 어떻게 해야 할까?"라는 질문을 통해 우리는 해당 개념을 파악하는 데 필요한 정보와 방법을 찾아갈 수 있습니다. 이 과정에서 우리는 주제에 대한 이해를 높이고, 궁극적으로 필요한 답변에 도달할 수 있게 됩니다.

결론적으로, 질문은 우리의 사고를 확장하고 문제를 해결하는 데 있어 매우 강력한 도구입니다. 질문을 통해 우리는 사고의 스위치를 켜고, 최적의 결정을 내리며, 필요한 답변을 도출해낼 수 있습니다. 이는 단순히 호기심을 충족시키는 것 이상의 의미를 지닙니다. 질문은 우리가 직면한 문제를 새로운 관점에서 바라보고, 창의적인 해결책을 모색할 수 있도록 도와줍니다.

오늘부터 실패하지 않게 일하는 법

질문의 힘은
문제를 해결하는 새로운 접근법

대부분 문제와 고민은 우리가 스스로 제기하는 적절한 질문을 통해 해결될 수 있습니다. 질문은 불확실한 상황 속에서 방향성을 제시하며, 모호함을 명확하게 규명하는 역할을 합니다. 이는 일상의 사소한 문제부터 학문적 연구, 심지어 사업의 성공에 이르기까지 모든 분야에 중요한 역할을 수행합니다.

질문을 통해 문제를 제기하는 것은 다음과 같은 여러 이점을 가지고 있습니다.

첫째, 문제 해결이 가능합니다.
우리는 현재 상황을 극복하거나 문제의 정확한 원인을 파악할 수 있습니다. 간단한 "예" 또는 "아니오"의 답변을 통해, 우리는 현실을 명확히 인식하고 그 원인을 찾아내어 해결책을 마련할 수 있습니다. 예를 들어, 책 쓰기에 지쳐 집필을 중단한 경험이 있을 때, "이 상황을 어떻게 극복할 수 있을까?"라고 자문함으로써 문제를 해결할 수 있었습니다.

예를 들어, 집필 작업에 지쳐 책 쓰기를 중단한 경험이 있습니다. 이때, "어떻게 하면 이 상황을 극복할 수 있을까?"라고 자문하면서 문제를 해결했습니다. 문제에 대해 종이나 노트에 작성하고 그에 대한 답변을 적어보는 것입니다. 이 과정에서 자기 생각을 명확하고 솔직하게 표현하는 것이 중요합니다.

책 쓰기 작업을 중단했는데 어떻게 하면 극복할 수 있을까?

Q. 왜 책 쓰기 작업이 더딘가?
A. 책 작업은 바로 돈이 되지 않아서 그렇다.
A. 해당 작업을 하더라도 당장 나에게 큰 도움이 되지 않는다.

Q. 그렇다면 정말 책 쓰기 작업을 하지 않을 것인가?
A. 아니다. 당장은 힘들고 귀찮아서 그렇다. 지나고 보면 책을 출간한 후에는 강의도 늘어나고, 새로운 이익도 생기기에 돈이 되지 않는 것은 아니다. 당장 이번 달에 수익이 생기지 않을 뿐이다.
A. 하겠다고 생각한다면, 한 번에 모든 것을 하려고 하지 말고, 할 수 있는 영역부터 순차적으로 하면 어떨까? 쉽게 작업하는 것을

　　　　　　　　　　　　오늘부터 실패하지 않게 일하는 법

찾자.

A. 지나 보면 알 거다. 멈추면 아무것도 못 하다 보니 조금씩 해야 한다. 그렇기에 좀 길게 바라보고 책 쓰기 관점을 생각하자.

문제를 머릿속에서만 고민하기보다는 밖으로 꺼내어 해결 방안을 모색하는 것이 효과적입니다. 문제를 질문의 형태로 적어보면, 무엇이 나를 괴롭히는 원인인지 더 명확히 파악할 수 있습니다.

둘째, 사고를 확장해줍니다.

특정 주제에 대해 질문하고, 그에 대한 답변을 찾는 과정을 반복함으로써, 우리는 기존의 사고를 넘어 새로운 관점을 탐색할 수 있습니다. 예를 들어, 저는 '실패하지 않게 일하는 법'이라는 다소 모호하고, 탐구하기 어려운 주제를 깊이 고민하기 위해 다음과 같은 질문을 했습니다.

- 하루 계획을 얼마나 구체적으로 세우고 있는가?
- 그동안 실패했던 것은 어떤 것이며, 무엇 때문에 실패했는가?
- 해당 프로젝트를 위해 충분한 시간을 할애하고 있는가?
- 중요한 일의 핵심을 파악하고 분석하고 있는가?
- 자신이 집중하고 있는 분야에서 전문성을 갖추고 있는가?

이러한 질문들은 단순히 해답을 찾는 것을 넘어, 우리의 사고와 접근 방식에 대한 심도 있는 성찰을 가능하게 합니다. 이 과정을 통해 우리는 자신의 지식과 경험을 바탕으로 한 단계 더 발전된 이해를 구축할 수 있으며, 문제 해결 능력 또한 향상할 수 있습니다.

셋째, 프로젝트 진행에 큰 도움을 줍니다.

프로젝트를 수행하는 과정에서는 다양한 예상과 검증을 거쳐 올바른 결과물을 도출해야 합니다. 이때 중요한 것은 다양한 시각에서 프로젝트를 바라볼 수 있는 능력입니다. 질문을 통해 다양한 각도에서 프로젝트를 조명하면, 그 장점과 단점, 불필요한 요소와 추가해야 할 요소 등을 명확히 파악할 수 있습니다. '왜(why)'와 '어떻게(how)'를 반복해서 던지는 질문을 통해 답을 도출하는 과정은 깊이 있는 통찰을 가능하게 합니다.

예를 들어, '모임 만들기'라는 주제로 강의를 기획하기 위해서 본인이 궁금한 점과 참석자가 궁금해할 내용을 포함해 약 20개의 질문을 생성했습니다. 질문이 충분하지 않다고 느껴진다면, SNS나 온라인 커뮤니티에 글을 올려 추가 질문을 받는 것도 좋은 방법입니다. 최근에는 챗GPT에게 질문을 만들거나 답변으로 얻을 수 있습니다. 이렇게 수집된 질문 리스트에 대한 답변을 상세하게 준비합니다.

챗GPT에 할 수 있는 질문

[강좌] 모임 만들기 프로젝트

제목 : 모임, 나도 만들 수 있다.
목적 : 개인 및 기업은 다양한 주제로 모임을 만들어 운영하고 싶다.
모임을 통한 개인의 성장을 만들어갈 수 있다.

목차

① 모임을 왜 만들까?

② 모임을 어떻게 만들고 운영할까?

③ 온·오프라인 모임 채널 구축과 연계 방법

④ 잘 만들어진 모임은 무엇이 다를까?

⑤ 자연스러운 모임 홍보 전략 세우기

답변을 준비할 때는 마치 타인에게 설명하듯이 충분하고 자세하게 달도록 합니다. 단순히 자신만의 지식수준에서 답변하는 게 아닌, 내용을 충분히 이해할 수 있도록 객관적으로 작성하는 것이 중요합니다. 모든 질문에 대한 답변을 마치게 되면, 프로젝트를 어떻게 진행할지에 대한 명확한 방향성을 갖게 되며, 잠재적인 문제를 예방하거나 극복할 수 있는 방법을 찾을 수 있습니다. 이 과정을 통해 프로젝트의 성공 가능성을 크게 높일 수 있습니다.

주요 질문 사항들

Q. 모임을 만들기 위해 사전 준비 방법은 어떻게 하나?

· 시장 조사다.

· 목적 중요 : 해당 모임을 왜 만들려고 하는가?

· 모임 기간 : 모임 기간은 얼마나 하려고 하는가?

Q. 모임을 어떻게 구축하면 되는가?

· 참석자 논의

· 함께 간다.

· 모임 규칙

Q. 모임을 운영하는 노하우는 어떻게 되는가?

Q. 처음 모임을 할 때 무엇을 하는가?

Q. 모임을 통해 개인이 성장하는 방법은?

Q. 지속적인 모임이 되는 방법은?(사후관리)

Q. 모임에서 리더의 역할은 어느 정도인가?
　　이를 대체하는 방법은?

Q. 모임을 만들면서 하지 말아야 할 것은?

Q. 왜 모임을 잘 만들지 못하는가?

Q. 왜 모임이 지속하지 못하는가?

Q. 리더의 역할은 어떻게 되는가?

Q. 모임을 만들 때 고려할 것들은?

Q. 모임을 만드는 데 장애 요인은 무엇인가?

챗GPT와 질문을 통한
문제 해결 방안 찾기

특히 최근 대화형 AI의 등장으로 질문의 중요성은 더욱 부각되고 있습니다. 챗GPT와 같은 AI 모델은 사용자의 질문에 따라 다양한 답변과 아이디어를 제시할 수 있기 때문입니다. 이러한 AI 도구를 효과적으로 활용하기 위해서는 적절한 질문을 던지는 것이 무엇보다 중요합니다.

예를 들어 챗GPT에게 "인공지능 시대에 인간의 역할은 무엇일까요?"라고 질문한다면, AI는 다음과 같이 답변할 수 있습니다.

"인공지능 시대에도 인간의 역할은 여전히 중요합니다. AI는 인간을 대체하는 것이 아니라 인간과 협업하며 보완하는 관계라고 볼 수 있죠. 인간은 AI를 활용해 더 창의적이고 효율적으로 일할 수 있습니다. 동시에 인간만이 할 수 있는 공감, 윤리적 판단, 문제 해결 능력 등은 AI 시대에 더욱 중요해질 것입니다. 따라서 인간은 AI와 협업하면서도 인간 고유의 능력을 계발하는 데 주력해야 할 것입니다."

이처럼 AI가 제시하는 통찰력 있는 답변은 우리의 생각을 확장하고 새로운 관점을 갖게 해줍니다. 하지만 이는 어떤 질문을 던지느냐에 따라 달라질 수 있습니다. 단순 사실을 묻는 것보다는 '인간의 역할', '협업 방안', '필요한 능력'처럼 깊이 있는 화두를 던질 때 AI의 잠재력이 극대화될 수 있는 것이죠.

나아가 AI의 답변을 바탕으로 추가 질문을 던질 수도 있습니다. "AI와의 협업을 위해 인간은 어떤 마음가짐을 가져야 할까요?", "AI 시대에 필요한 인간 고유의 능력을 향상하려면 어떤 노력이 필요할까요?" 등 대화를 이어가다 보면, AI와 사용자가 함께 문제를 깊이 있게 탐구하고, 해결 방안을 모색할 수 있습니다.

이렇듯 AI 도구의 잠재력을 충분히 끌어내기 위해서는 전략적이고, 창의적인 질문이 필수적입니다. 질문의 수준이 AI와의 대화 품질을 좌우한다고 해도 과언이 아닙니다. 단순히 AI에 의존하기

오늘부터 실패하지 않게 일하는 법

보다는 경청, 이해, 추가 질문 등 능동적인 대화 자세가 요구되는 이유이기도 합니다.

AI가 제공하는 정보와 지식을 비판적으로 수용하고, 그를 바탕으로 더 심오한 질문을 던질 줄 아는 능력. 이것이 AI 시대를 살아가는 우리에게 필요한 질문 능력이 아닐까요? AI의 답변에 안주하지 않고, 끊임없는 질문을 통해 우리의 사고를 진화시켜 나가는 것. 그것이 AI와 인간이 협업하며 성장해나가는 길이 될 것입니다.

챗GPT와 같은 대화형 AI의 등장은 질문의 힘을 새롭게 일깨워 주고 있습니다. 이제 우리에게 필요한 것은 AI에게 어떤 질문을 던질 것인가, 그리고 그 답변을 어떻게 활용할 것인가에 대한 고민일 것입니다. '어떻게 하면 AI와 창의적으로 협업할 수 있을까?'라는 질문 자체가 AI 시대의 혁신을 이끄는 원동력이 될 수 있습니다.

우리 모두 질문의 힘을 믿고, AI와 함께 성장하는 창의적 동반자가 되어 보는 것은 어떨까요? 질문이 우리의 가능성을 열어줄 것입니다.

그렇다면 질문을 통해 어떻게 문제를 해결할 수 있을까요? 다음은 'A기업의 매출 감소'라는 문제 상황을 질문으로 해결해나가는 예시입니다.

첫째, 문제의 본질을 파악하기 위한 질문을 합니다.

"A기업의 매출 감소 원인은 무엇일까요?", "매출 감소가 일시적인 현상일까요? 아니면 지속적인 추세일까요?", "매출 감소가 특정 제품이나 서비스에 국한된 문제일까요? 아니면 전반적인 문제일까요?" 등의 질문을 통해 문제의 핵심을 짚어봅니다.

둘째, 다양한 관점에서 해결책을 모색하기 위한 질문을 이어갑니다.

"매출 감소를 막기 위해 어떤 전략을 취할 수 있을까요?", "경쟁사는 이런 상황에서 어떤 대응을 하고 있을까요?", "과거에 유사한 위기 상황을 어떻게 극복했나요?", "매출 감소 문제를 해결하기 위해 조직 내 어떤 변화가 필요할까요?" 등 다각도로 접근하는 질문을 던집니다.

셋째, AI 도구를 활용해 추가적인 통찰을 얻습니다.

챗GPT에게 "기업의 매출 감소를 극복하기 위한 효과적인 전략에는 어떤 것들이 있을까요?"라고 질문하면, AI는 다음과 같이 답변할 수 있습니다.

"매출 감소를 극복하기 위해서는 우선 원인 분석이 선행되어야 합니다. 그 후 상황에 맞는 전략을 수립하는 것이 중요합니다. 예를 들어 신제품 개발, 마케팅 강화, 고객 서비스 개선, 비용 절감, 새로운 시장 진출 등이 대표적인 전략이 될 수 있죠. 또한 조직 내 소통과 협력을 활성화하고, 데이터 분석을 통해 의사결정의 질을 높이는 것도 도움이 됩니다. 무엇보다 위기를 기회로 삼아 혁신을 도모하는 유연한 사고가 필요할 것 같습니다."

AI의 답변은 기존에 고려하지 못했던 부분까지 시야를 넓혀 줍니다. 이를 바탕으로 "데이터 분석을 활용하려면 어떤 준비가 필요할까요?", "위기를 기회로 전환한 기업의 사례에는 어떤 것들이 있을까요?" 등 보다 구체적인 질문을 이어 나갈 수 있습니다.

마지막으로, 질문과 토론을 통해 도출된 해결책을 정리하고 실행 계획을 세웁니다.

"매출 감소 문제를 해결하기 위해 우리가 취할 수 있는 최선의 방안은 무엇일까요?", "해결책을 실행하기 위해 어떤 자원과 인력이 필요할까요?", "실행 과정을 어떻게 모니터링하고 평가할 수 있을까요?" 등 실천을 위한 질문을 통해 구체적인 액션 플랜을 수립합니다.

이처럼 질문은 문제 해결의 전 과정에서 핵심적인 역할을 합니다. 문제의 본질을 파악하고, 창의적 해결책을 모색하며, AI 도구를 전략적으로 활용하고, 실행 계획을 구체화하는 데 있어 질문은 우리의 사고를 이끄는 나침반이 되어 주기 때문입니다.

물론 상황에 따라 질문의 유형과 방식은 달라질 수 있습니다. 중요한 것은 끊임없이 질문하고, 대화하며, 새로운 가능성을 탐구하려는 자세를 견지하는 것입니다. 개인과 조직 모두 질문하는 문화를 만들어갈 때, 우리는 어떤 문제에도 유연하게 대처할 수 있는 역량을 기를 수 있을 것입니다.

오늘부터 실패하지 않게 일하는 법

챗GPT의 질문형 글쓰기,
기존 방식의 한계를 극복하다

글쓰기는 많은 사람이 쉽지 않은 과제로 여깁니다. 글감을 선정해서 글의 구조를 잡고, 문장을 다듬는 등 글쓰기의 전 과정이 버거운 일로 느껴지곤 합니다. 한 연구 결과에 따르면, 직장인 10명 중 7명 이상이 업무상 글쓰기에 어려움을 겪는다고 합니다. 대학생들 역시 리포트나 에세이를 작성할 때 크고 작은 스트레스를 경험하곤 하죠.

글쓰기가 이처럼 어려운 이유는 무엇일까요? 여러 가지 원인이 있겠지만, 체계적인 글쓰기 방법론의 부재도 주요한 원인 중 하나로 꼽힙니다. 학창시절 글쓰기 교육은 주로 막연한 주제를 제시하고, 이에 대해 글을 쓰도록 요구하는 방식으로 이루어졌습니다.

글을 어떻게 써야 좋은 글이 되는지, 어떤 과정을 거쳐 글을 완성해야 할지에 대한 구체적인 가이드는 충분히 제공되지 않았던 것이 사실입니다.

이런 상황에서 챗GPT의 질문형 글쓰기는 하나의 대안이 될 수 있습니다. 질문형 글쓰기는 막연한 글쓰기 과제 앞에서 한 걸음 물러나, '어떤 질문들을 던질 것인가?'에 대해 먼저 고민하게 합니다. 글을 통해 무엇을 전달하고 싶은지, 누구를 대상으로 글을 쓰는지 등에 대해 질문함으로써 글쓰기의 방향성을 명확히 설정할 수 있게 되는 것이죠.

기존 글쓰기 방식은 여러 한계점을 지니고 있습니다. 글감을 선정하는 것부터 글의 구조를 짜고 내용을 만들어내는 일까지, 많은 사람이 글쓰기의 각 단계에서 어려움을 겪습니다. 특히 '무엇을 써야 할지 모르겠다'라는 막막함은 글쓰기를 포기하게 만드는 주요 원인 중 하나로 꼽힙니다.

이러한 글쓰기의 한계를 극복하는 데 도움을 줄 수 있는 것이 바로 챗GPT입니다. 챗GPT와 함께 질문형 글쓰기를 실천한다면, 글쓰기의 막막함과 어려움을 훨씬 수월하게 헤쳐 나갈 수 있습니다.

챗GPT에게 '이 글의 주제를 어떻게 정하면 좋을까요?', '이 주제를 발전시키기 위해서는 어떤 내용을 포함해야 할까요?' 등의 질문을 던져보세요. 챗GPT는 방대한 데이터를 바탕으로 적절한 주제와 내용을 추천해줄 것입니다. 이는 글감 선정과 아이디어 생성에 큰 도움이 됩니다.

뿐만 아니라 '이 글의 구조를 어떻게 짜는 것이 좋겠습니까?', '각 단락의 핵심 내용은 무엇이 되어야 할까요?' 등 글의 조직과 구성에 관한 질문도 챗GPT에게 물어볼 수 있습니다. 이를 통해 글의 뼈대를 탄탄하게 세울 수 있습니다.

이처럼 챗GPT와의 질문과 답변 과정은 기존 글쓰기에서 취약했던 부분을 보완해줍니다. 챗GPT와의 협업은 글쓰기의 방향을 잡고, 내용을 풍부하게 하며, 구조를 체계화하는 데 도움을 줍니다. 또한, 챗GPT와 함께하는 질문형 글쓰기의 가장 큰 장점은 '창의적 사고 확장'이라고 생각합니다.

기존 글쓰기 과정에서 우리는 종종 자신의 고정관념과 사고의 한계에 갇혀 창의적인 발상을 하지 못할 때가 있습니다. '이런 주제로 과연 새로운 이야기를 할 수 있을까?', '이미 널리 알려진 내용인데 거기에 무엇을 더 보탤 수 있을까?' 같은 의구심에 사로잡혀 글쓰기 자체를 포기하게 되는 경우도 많죠.

하지만 챗GPT에게 다양한 질문을 던지다 보면, 기존에 생각하지 못했던 새로운 관점과 신선한 아이디어를 접하게 됩니다. 제 경험으로는, 챗GPT와의 대화를 통해 '어? 이런 접근 방식도 있구나!'하고 깨달음을 얻는 일이 많았어요. 고착화된 사고에서 벗어나 색다른 시각으로 주제를 바라볼 수 있게 되는 거죠.

또한 챗GPT의 답변은 글감을 확장하고 심화하는 데에도 큰 도움을 줍니다. 제가 던진 질문에 대한 챗GPT의 답변을 보고, 그로부터 파생된 또 다른 질문을 이어나가다 보면, 처음에는 떠올리지 못했던 깊이 있는 내용들이 연쇄적으로 떠오릅니다. 하나의 질문이 또 다른 질문을 낳고, 그 질문이 다시 새로운 아이디어로 연결되는 것이죠.

예를 들면, 최근에 제가 '창의성이란 무엇인가요?'라는 다소 광범위한 질문을 챗GPT에게 던졌는데, 챗GPT는 '창의성은 기존의 요소들을 새롭게 결합하고 재해석하는 능력'이라는 요지의 답변을 해주었습니다. 그 답변을 읽으면서 '그렇다면 일상의 익숙한 것들을 낯선 시선으로 바라보는 것이 창의성을 기르는 데 도움이 될까요?'라는 질문을 다시 던졌죠. 이렇게 대화를 거듭해 나가며 창의성에 대한 통찰을 넓혀갈 수 있었습니다.

사실 창의성은 글쓰기에만 국한된 능력이 아닙니다. 문제 해결, 기획, 예술 등 다방면의 원동력이 되는 능력이기도 하죠. 그런 의미에서 챗GPT와 함께하는 질문형 글쓰기가 가져다주는 '창의성 증진'의 효과는 글쓰기를 넘어 우리 삶 전반에 긍정적인 영향을 미칠 수 있습니다. 질문하는 습관 그 자체가 창의적 사고의 근간이 될 테니까요.

하지만 챗GPT는 글쓰기를 완전히 대신해주는 것이 아니라, 어디까지나 글쓰기를 보조하는 도구라는 점을 명심해야 합니다. 챗GPT와의 협업을 통해 글쓰기의 부담은 줄일 수 있지만, 최종적인 글의 완성은 글쓴이의 몫입니다. 그럼에도 불구하고 질문형 글쓰기와 챗GPT의 활용은 글쓰기에 대한 자신감을 높이고, 더 많은 사람이 글쓰기에 도전할 수 있는 동기를 부여한다는 점에서 의미가 있습니다.

질문형 글쓰기와 챗GPT의 만남은 기존 글쓰기 방식의 한계를 극복하고, 글쓰기의 지평을 넓힐 가능성을 보여줍니다. 이는 단순히 글쓰기 기술의 향상을 넘어, 사고의 확장과 소통의 혁신으로 이어질 수 있습니다. 글쓰기는 단순히 정보를 전달하는 수단을 넘어, 우리의 생각을 풍부하게 하고 타인과의 공감과 이해를 끌어내는 창의적 행위이기 때문입니다.

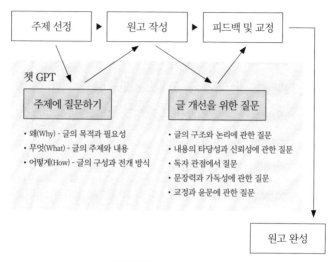

AI 질문형 글쓰기 작업 프로세스

AI와 질문형 글쓰기 작업의 가장 큰 장점은 글쓰기 과정에서 필자 스스로에게 끊임없이 질문하며, 사고를 확장하고 글을 개선해 나갈 수 있다는 점입니다. 이는 다음과 같은 구체적인 이점으로 이어집니다.

1. 주제와 목적의 명확화 : 초기 단계에서 '왜', '무엇을', '어떻게' 써야 할지를 질문하면서 글의 주제와 목적을 분명하게 설정할 수 있습니다.

오늘부터 실패하지 않게 일하는 법

2. 논리성과 타당성 강화 : 글의 구조와 논리, 내용의 타당성과 신뢰성에 대해 질문하는 과정에서 글의 일관성과 설득력을 높일 수 있습니다.

3. 독자 고려 : 독자의 관점에서 글을 바라보며 질문함으로써 독자의 이해와 공감을 얻는 방안을 모색할 수 있습니다.

4. 문장 다듬기 : 문장력과 가독성, 교정과 윤문에 관한 질문을 통해 글을 매끄럽게 다듬을 수 있습니다.

5. 창의성 자극 : AI와의 질의응답 과정에서 새로운 아이디어와 관점을 얻을 수 있어 사고와 표현의 폭을 넓힐 수 있습니다.

이처럼 AI와 질문형 글쓰기 작업은 글쓰기의 전 과정에 걸쳐 필자의 사고력과 표현력을 향상하는 데 큰 도움을 줍니다. 특히 인공지능 기술의 발전으로 글쓰기에 대한 실시간 피드백과 제안을 받을 수 있게 되면서, 작가들은 더 효율적이고 창의적인 방식으로 글을 쓸 수 있게 되었습니다.

4장

실패 없는
하루 계획 세우기

하루 계획 세우기가
내 인생에 가져올 변화

세상이 빠르게 변화하는 가운데, 기업가부터 전문가, 일반 직장인에 이르기까지 모두가 시간을 효율적으로 활용하기 위해 노력하고 있습니다. 그중에서도 '하루 계획 작성'에 주목하는 이유와 이를 통해 얻을 수 있는 변화에 관해 이야기하고자 합니다. 아울러 하루 계획을 세우지 않고 살아가는 사람과 그렇게 하는 사람들 간의 차이점에 대해서도 생각해볼 필요가 있습니다.

하루 계획을 꾸준히 세우는 습관은 다음과 같은 세 가지 장점을 가져다줍니다.

첫째, 하루 일과를 통제할 수 있는 능력이 생깁니다.

오늘부터 실패하지 않게 일하는 법

대부분 사람이 일을 시작할 때 계획을 세우지만, '진정으로' 실행 가능한 계획을 세우는 사람은 많지 않습니다. 하루 계획을 철저하게 수립하면, 중요한 일과 그렇지 않은 일을 분류하고 우선순위를 정해, 하루를 보다 효율적으로 보낼 수 있습니다.

둘째, 시간 도둑으로부터 소중한 시간과 집중력을 지켜낼 수 있습니다.

업무를 수행할 때 원하는 목표에 정확히 도달하는 데 가장 도움이 되는 도구가 바로 하루 계획입니다. 이 계획은 우리가 목표를 향해 흔들림 없이 나아갈 수 있도록 이끌어줍니다.

셋째, 정시 퇴근이 가능해집니다.

정해진 시간에 맞춰 계획을 세우지 않으면, 업무 마감 시간을 지키기가 쉽지 않습니다. 하루 계획은 모든 업무에 작업 시간과 마감 시간을 할당해줌으로써, 초과 근무 없이 일을 마무리할 수 있게 도와줍니다.

이처럼 하루 계획 작성은 단순히 할 일을 나열하는 것 이상의 의미가 있습니다. 그것은 우리가 인생이라는 여정을 주도적으로 설계하고, 통제하는 힘을 실어주는 도구와 같습니다. 매일 아침 하루 계획을 세우는 습관 하나가 결국에는 우리 삶의 질을 결정짓는 중요한 요인이 될 수 있습니다.

계획을 세운다고 해서 모든 일이 항상 계획대로 진행되는 것은 아닙니다. 때때로 예상치 못한 상황이 발생해 계획을 조정하거나 때로는 포기해야 할 순간도 있습니다. 이러한 상황에서 좌절하거나 자신을 비난하기보다는, 유연하게 대응하는 태도가 중요합니다.

하루 계획을 꾸준히 세우는 사람들은 일상에서 크고 작은 변화를 경험하게 됩니다. 그들은 자신의 시간을 보다 효율적으로 활용할 수 있게 되고, 다른 이들에 비해 훨씬 더 많은 일을 처리해낼 수 있습니다. 그뿐만 아니라 목표 달성에 필요한 과정을 명확히 인지함으로써, 자신의 비전을 실현하는 데 필요한 동기부여를 얻을 수 있습니다.

반면에 계획 없이 하루를 보내는 이들은 종종 시간 관리에 어려움을 겪곤 합니다. 중요한 일과 그렇지 않은 일을 구분하는 데 어려움을 느끼고, 이로 인해 스트레스에 시달리기도 합니다. 더욱이 목표 달성을 위한 구체적인 단계를 모호하게 인식하다 보니, 자신의 비전을 실현하는 데 많은 난관에 부딪히게 됩니다.

그렇다면 어떻게 하면 하루 계획을 보다 효과적으로 세울 수 있을까요?

첫째, 명확한 목표 설정이 선행되어야 합니다.

둘째, 그 목표에 도달하기 위한 세부적인 단계를 꼼꼼히 계획해야 합니다.

셋째, 수립한 계획을 철저히 실행에 옮기고, 그 결과를 면밀하게 평가하는 시간을 가져야 합니다.

하루 계획 작성은 단순히 '할 일'을 나열하는 데 그치지 않습니다. 그것은 우리가 어떤 사람이 되고자 하는지, 어떤 가치를 추구하며 살아갈 것인지를 명확히 해주는 작업이기도 합니다. 나아가 시간 관리의 효율성을 높이고, 목표 달성에 필요한 동기부여를 제공하는 원동력이 되기도 하죠. 따라서 하루 계획을 세울 때는 그것이 우리 삶에 어떠한 변화를 가져올 수 있을지 진지하게 고민해 볼 필요가 있습니다.

가장 중요한 점은 계획을 세우는 과정 자체에서 오는 심리적인 안정과 성취감입니다. 우리 자신을 인생의 항해사로 여기며 날마다 설계하고 이끌어 나가는 것은, 자기 자신에 대한 신뢰와 미래에 대한 긍정적인 기대감을 강화합니다. 이러한 힘은 우리가 어떠한 어려움도 헤쳐 나갈 수 있는 용기를 부여합니다.

하루 할 일을
6개로 제한할 때 생기는 일

하루를 시작할 때, 우리는 흔히 해야 할 일을 모두 목록에 적어두는 습관이 있습니다. 하지만 이런 방식은 때로 우리의 집중력을 흐트러뜨리고, 어떤 일부터 착수해야 할지 결정하기 어렵게 만들곤 합니다. 이러한 문제를 해결하기 위해 하루 할 일을 명확하게 정리하는 것이 얼마나 중요한지 강조하는 방법을 소개하고자 합니다.

하루 계획을 6개 이내로 제한하는 것은 생산성 향상에 효과적인 방법으로 잘 알려져 있습니다. 이는 '아이비 리 방식(Ivy Lee Method)'이라고도 불리는데요. 20세기 초 미국의 저명한 컨설턴트 아이비 리(Ivy Lee)가 철강 재벌 찰스 슈왑(Charles Schwab)에게 제안한 것으로 전해집니다.

이 아이디어의 기원은 사실 100년 전으로 거슬러 올라갑니다. 당시 베들레헴 스틸 회사의 CEO였던 찰스 슈왑은 회사의 생산성을 높이기 위해 컨설턴트 아이비 리에게 조언을 구했습니다. 아이비 리는 단 15분의 회의를 통해 경영진의 업무 효율을 높이고 매출을 증가시킬 수 있다고 제안했고, 이는 실제로 큰 성과로 이어졌습니다.

아이비 리가 슈왑에게 제안한 방법은 다음과 같습니다. 매일 저녁 다음 날 해야 할 일을 중요도에 따라 여섯 가지로 정리하고, 아침에 출근하면 목록의 맨 앞에 있는 일부터 시작해 하나씩 완료해 나가는 것입니다. 만약 하루 동안 여섯 가지를 모두 끝내지 못했다면, 마무리 짓지 못한 일은 다음 날 목록으로 옮기는 방식이었죠.

이 간단해 보이는 방법은 베들레헴 스틸 회사에서 놀라운 효과를 발휘했습니다. 명확한 우선순위 설정과 집중력 향상으로 인해 업무 효율과 생산성이 크게 높아졌기 때문입니다. 아이비 리의 제안은 단순히 할 일의 양을 줄이는 것이 아니라, 정말 중요한 일에 집중하고 실행력을 높이는 데 주안점을 둔 것이었습니다.

오늘날에도 이 원칙은 여전히 유효합니다. 정보와 선택지가 넘쳐나는 현대 사회에서 우선순위를 명확히 하고 집중하는 것은 그 어느 때보다 중요해졌기 때문이죠. 물론 개인과 업무 특성에 따라 하루에 처리할 수 있는 일의 양은 차이가 있겠지만, 6개라는 숫자가 주는 메시지는 분명합니다. 바로 '적게, 그러나 중요한 일에 집중하라'는 것입니다.

아이비 리 방식을 적용하는 방법은 다음과 같습니다. 이 전략은 시간, 에너지, 그리고 집중력을 최적화하는 데 큰 도움을 줍니다.

아이비 리의 생산성 방법론

① 하루를 마감하기 전에 다음 날 수행할 여섯 가지 주요 업무를 분명하게 기록합니다.

② 이 여섯 가지 업무 중 우선순위를 결정합니다.

③ 이어서 다음 날 가장 먼저 해야 할 일부터 차례대로 진행합니다.

④ 완료하지 못한 업무가 있다면, 그것을 다음 날의 최우선 과제로 설정합니다.

⑤ 위 단계들을 매일 반복합니다.

아이비 리의 생산성 방법론은 간단하면서도 효과적입니다. 그렇다면 왜 하필 6개의 항목으로 제한하는 것일까요? 이에 대한 이유는 다음과 같이 설명할 수 있습니다.

첫째, 선택과 집중 효과입니다.

하루 동안 처리할 수 있는 업무량에는 한계가 있기 마련입니다. 할 일을 6개 정도로 제한하면 정말 중요한 일에만 집중할 수 있고, 우선순위가 낮거나 불필요한 일은 과감하게 제외할 수 있습니다.

둘째, 실현 가능성 제고입니다.

계획이 너무 많으면 오히려 실행이 어려워질 수 있습니다. 6개 정도의 할 일은 실제로 하루 안에 소화할 수 있는 적절한 분량이라고 할 수 있습니다. 계획한 일을 대부분 해낼 수 있다는 성취감은 자신감과 동기부여로 이어집니다.

셋째, 심리적 부담감 경감입니다.

너무 많은 할 일이 쌓여 있으면 스트레스와 압박감을 느끼기 쉽습니다. 그러나 할 일을 6개 내외로 명확하게 구분해두면, 심리적으로 훨씬 여유를 갖고 업무에 임할 수 있습니다.

넷째, 구체성과 명확성 확보입니다.

할 일이 많아지면 업무가 추상적이고 모호해지기 쉽습니다. 그러나 6개로 압축하는 과정에서 업무를 구체화하고, 명료하게 정리할 수 있습니다. 이는 실수를 예방하고 목표 달성률을 높이는 데 기여합니다.

다섯째, 유연한 대처가 가능합니다.

하루 중 예기치 못한 변수가 생기더라도 6개 정도의 계획이라면 우선순위를 재조정하거나 일정을 변경하기가 수월합니다. 반면에 계획이 지나치게 빽빽하면 혼란을 겪기 쉽습니다.

개인의 상황이나 업무 특성에 따라 하루에 처리할 일의 개수는 유동적일 수 있습니다. 어떤 경우에는 6개 이상의 계획이 필요할 수 있고, 또 다른 상황에서는 더 적은 수로 줄일 필요가 있을 수도 있습니다.

그러나 선택과 집중, 그리고 실행의 가능성을 고려할 때 하루에 할 일을 제한하는 것은 분명한 이점을 가지고 있습니다. 중요한 목표에 초점을 맞추고, 할 일을 단순화함으로써 우리는 목표 달성을 향해 더 효율적으로 나아갈 수 있습니다. 가장 중요한 일부터 시작하는 것이 생산성 향상에 가장 효과적인 방법임이 입증

되었습니다.

이 접근법은 업무를 단순화하고, 작업 시작에 대한 시간과 두려움을 줄이며, 한 번에 하나의 일에만 집중할 수 있는 싱글태스킹 환경을 조성합니다. 이와 같은 전략은 오늘날에도 여전히 효과적인 생산성 향상법으로 인정받고 있습니다.

하루 계획을 세우는
최적의 시기와 작성 방법은?

하루 계획의 중요성과 그 효과를 이해했다면, 이제 하루 계획을 세울 최적의 시기를 고려해야 합니다. 그렇다면 하루 계획은 언제, 어떻게 세워야 할까요?

먼저, 하루 계획은 언제 세우는 것이 가장 효과적일까요?

의외로 많은 이들의 생각과는 달리, 가장 이상적인 시간은 전날 저녁이라고 할 수 있습니다. 일반적으로는 아침에 하루 계획을 세우는 것이 보편적이지만, 사실 전날 저녁이 더욱 효율적일 수 있습니다.

아침에 계획을 세울 경우, 종종 쌓여 있는 '할 일'에 파묻혀 정작 중요한 일에 집중하지 못하게 되곤 합니다. 이는 생산성 저하의 주된 원인이 될 수 있죠. 게다가 아침 시간을 계획 수립에 할애하는 것 자체가 또 다른 시간 소모의 요인이 될 수 있습니다. 반면 전날 저녁에 미리 계획을 세워두면, 아침부터 체계적으로 일과를 진행할 수 있어 업무 효율성이 크게 향상될 수 있습니다.

전날 계획을 세우면 아침에 일어났을 때 머릿속이 맑아 하루를 준비하기에 더 좋습니다. 일과를 시작하기 전 어떤 일에 우선순위를 두어야 할지 이미 정리가 되어 있으니, 곧바로 실행에 옮길 수 있는 것이죠. 또한 전날 세운 계획을 바탕으로 아침형 인간이 되기 위한 동기부여도 얻을 수 있습니다.

물론 개인의 생활 패턴이나 업무 성격에 따라 계획 수립 시점은 다소 달라질 수 있습니다. 중요한 것은 자신에게 가장 적합한 시기를 파악하고, 그 시간을 일관되게 유지하는 일입니다. 습관이 형성되기까지는 다소 시간이 걸리겠지만, 꾸준히 실천한다면 어느새 하루 계획 세우기가 일상의 자연스러운 한 부분이 되어 있을 것입니다.

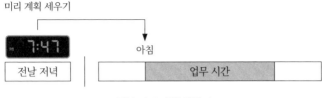

전날 미리 계획 세우기

그렇다면 하루 계획은 어떻게 세워야 할까요?

계획을 세우는 시점만큼이나 중요한 것이 바로 계획을 어떤 방식으로 수립하느냐입니다. 하루 계획은 무엇보다 명확해야 합니다. 무엇을, 언제, 어디서 할 것인지를 구체적으로 적어 내려가야 하고, 각각의 일을 할 때 예상되는 작업 시간도 정확히 예측해야 합니다. 나아가 하루라는 제한된 시간 내에서 실제로 수행할 수 있는 일인지 꼼꼼히 따져보는 과정도 필요합니다. 이를 토대로 일의 우선순위를 결정하고, 마침내 계획을 실행에 옮기게 되는 것이죠.

계획을 기록하고 관리할 도구의 선택도 신중해야 합니다. 세운 계획을 꾸준히 기록하고, 필요할 때 다시 되돌아볼 수 있는 저장 공간이 필요하기 때문입니다. 개인적으로는 '롬리서치(Roam Research)'라는 프로그램을 애용하고 있는데요. 이 툴은 아웃라이너 방식을 통해 데일리 노트와 같은 형태로 계획을 작성할 수 있게 해줍니다. 이는 아날로그 도구가 주는 장점을 그대로 살리면서도, 계획을 실시간으로 수정하고 보완하는 데 최적화되어 있다는 강점이 있습니다.

하루 계획을 꾸준히 세우면 어떤 변화가 생길까요?

무엇보다 중요한 일에 우선순위를 두고, 주어진 시간을 효과적으로 활용할 수 있게 됩니다. 하루 계획은 일종의 내비게이션과도 같아서 목표로 향하는 길을 가장 효율적으로 안내해주는 역할을 하죠. 또한 계획 속에 업무별 작업 시간과 데드라인을 명시함으로써, 야근 없이도 하루를 알차게 마무리 지을 수 있게 됩니다.

이처럼 하루 계획 작성은 개인의 생산성을 높이는 강력한 방법입니다. 체계적으로 계획을 세우고, 이를 철저히 실천해 나간다면 여러분의 하루하루는 계획적이고, 효율적이며, 생산적인 시간으로 거듭날 수 있을 것입니다.

꾸준한 하루 계획 세우기로
나아지는 시간 관리 역량

하루 계획을 기록할 수 있는 도구는 플래너부터 디지털 도구까지 다양하게 존재합니다. 자신에게 가장 적합한 도구를 선택하는 것이 무엇보다 중요한데요. 개인적으로는 아웃 라이너 형태의 디지털 도구를 선호해 8년 넘게 활용해오고 있습니다. 특히 하루 계획 작성과 더불어 아이디어 및 일기 작성을 병행함으로써 이 도구가 주는 효용을 톡톡히 누리고 있죠. 하루 계획과 아이디어가 함께 기록되면서 서로 시너지 효과를 발휘하고, 때로는 예기치 못한 영감을 자극해 창의적인 생각들을 적어 내리게 되는 경험을 하고 있습니다.

하루 계획을 작성할 때는 날짜별로 정리하는 방식을 추천드립

오늘부터 실패하지 않게 일하는 법

니다. 이는 업무 수첩에 통상적으로 날짜를 기입하고, 작업하는 것과 동일한 맥락이라고 볼 수 있어요. 나중에 다시 살펴보기에도 쉬울뿐더러, 향후 특정 일자에 미리 계획을 세워둘 필요가 있을 때도 전체적인 일정 관리 차원에서 큰 도움이 되기 때문입니다.

시간이 흘러 돌이켜 보면, 하루 계획을 꾸준히 세우는 습관은 결국 시간 관리 능력의 향상으로 직결됨을 알 수 있습니다.

해야 할 일은 있지만 실행에 옮기지 않아 시간만 허투루 보내는 경우가 있는가 하면, 반대로 너무 많은 할 일에 시달리다 보니 힘겨워하거나 스트레스를 호소하는 이들도 적지 않습니다. 이럴 때일수록 시간을 현명하게 관리하고 통제해나갈 방안을 강구하는 것이 중요한데, 이것이 바로 하루 계획 세우기의 진정한 가치라고 저는 믿습니다. 체계적인 계획 수립을 통해 시간에 쫓기지 않으면서도 업무를 효율적으로 처리할 수 있고, 그 결과 일에 대한 부담감에서 벗어나 보다 여유로운 삶을 영위할 수 있게 되는 것이죠.

하루 계획 수립을 위한 핵심, 작업 시간 파악하기

하루 계획을 꾸준히 세워나가면서 얻게 되는 가장 큰 변화는 단연 시간 관리 능력의 향상이라고 할 수 있습니다. 과거에는 할 일 목록에 적힌 모든 업무를 처리하지 못해 야근했거나 다음 날로 일정을 미루는 경우가 비일비재했을 것입니다. 이는 할 일만 나열할 뿐 정작 각 업무에 들어가는 시간을 제대로 가늠하지 못했기에 발생하는 문제였습니다. 따라서 하루 동안 실제로 처리할 수 있는 분량의 일만 선별해 계획을 세우는 것이 무엇보다 중요합니다. 물론 업무의 양은 그 범위에 따라 천차만별이겠지만, 보통 하루에 소화할 수 있는 일의 개수는 많아야 5~6개 내외라고 보시면 될 거 같아요. 한 시간에서 두 시간 정도 소요되는 일을 기본 단위로 잡되, 30분 이내로 끝낼 수 있는 자잘한 업무들은 묶어서 한꺼번에 처리하는 식으로 잡으면 됩니다.

이때, 계획을 세우는 데 있어 무엇보다 핵심은 바로 작업 시간을 정확히 파악하는 일입니다. '대략 이 시간쯤이면 끝낼 수 있겠지', '이 정도 시간이면 충분할 거야'라는 막연한 기대는 시간 관리에 별 도움이 되지 않습니다. '대략'이란 단어 자체가 불명확성을 내포하고 있기에 결국 기한 내 업무 완수가 어려워질 가능성이 농후하다는 뜻이기도 합니다.

가령 오늘 처리해야 할 일이 4건이고 회의가 1번 있다고 하면, 이때 개별 업무에 걸리는 시간을 따져보지 않고 그저 할 일만 나열한다면, 전체 작업이 몇 시쯤 마무리될지 가늠하기 힘들어집니다.

그러다 보면 정작 회의는 몇 시에 잡아야 할지 결정하기도 쉽지 않은 일이 되고 맙니다.

이럴 때일수록 할 일 하나하나에 목표 시간, 즉 실제 작업할 수 있는 시간을 할당해 면밀하게 분석하는 자세가 요구됩니다. 특히 계획 수립이 익숙하지 않은 초반에는 할 일을 달력에 하나씩 기입해가며, 시간 배분을 연습하는 것도 좋은 방법이 될 수 있습니다. 예컨대 아침 9시부터 저녁 6시까지를 업무 시간대로 잡고, 그 안에서 시간대별로 할 일을 배치해보는 것입니다.

작업 시간 예측의 정확도를 높이기 위해서는 앞서 언급한 '일을 잘게 쪼개기'가 큰 도움이 될 것입니다. 최대 2시간 단위로 업무를 분할하되, 전체 하루 일과는 7~8시간 정도로 설계해보는 습관을 들이면 좋습니다. 다만 이렇게 하다 보면 일이 과도하게 많아질 수 있으니, 반드시 그날 처리해야만 하는 일인지 우선순위를 잘 가려야 합니다.

예측 시간과 실제 할 일을 꾸준히 비교 검토하며, 시간 관리 감각을 키워 나가시기를 바랍니다. 만약 정해진 일과 시간이 모두 지났음에도 할 일을 다 끝내지 못했다면, 애초에 작업 시간 예측에 문제가 있었던 것으로 보고, 그 경험을 이후 계획 수립에 반영하는 것이 중요합니다.

시간은 누구에게나 평등하게 주어진 자원이지만, 그것을 어떻게 운용하느냐에 따라 우리 삶의 질은 크게 달라질 수 있습니다.

○○월 ○○일

- 할 일 목록 1
- 할 일 목록 2
- 할 일 목록 3
- 할 일 목록 4
- 할 일 목록 5

할 일 목록=업무시간

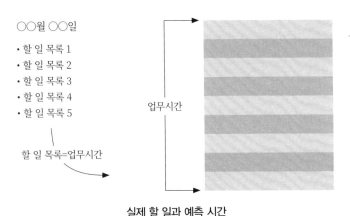

실제 할 일과 예측 시간

갑작스러운 새 업무 발생 시 대처 방안

이미 계획된 할 일 목록이 있더라도, 예상치 못한 업무가 갑자기 발생하는 경우가 종종 있습니다. 이럴 때는 기존의 할 일에 새로운 업무를 추가하되, 전체 일정을 재조정할 필요가 있어요. 가령 오늘 처리해야 할 일이 다섯 가지라면, 가장 시급한 일에 1순위를, 그리고 오늘 중으로만 마무리하면 되는 비교적 덜 급한 일에는 5

오늘부터 실패하지 않게 일하는 법

순위를 매기는 식으로 우선순위를 정하는 거죠. 이렇게 일의 중요도에 따라 순서를 부여하고 나면, 어떤 일부터 착수해야 할지 고민하지 않고도 곧바로 업무에 돌입할 수 있습니다.

저는 디지털 도구를 활용할 때 태그 기능을 함께 사용하곤 합니다. 태그를 붙여 두면 나중에 관련 업무를 검색하기가 훨씬 수월해지거든요. 이전에 진행했던 유사한 작업의 처리 경과를 손쉽게 확인할 수 있고, 그 결과물을 어떤 방식으로 만들어냈는지에 대한 정보도 금세 찾아볼 수 있습니다. 이 같은 장점 덕에 업무의 범위를 더 명확히 파악할 수 있을 뿐 아니라, 그에 걸맞은 작업 시간 또한 더욱 정확히 예측할 수 있게 됩니다.

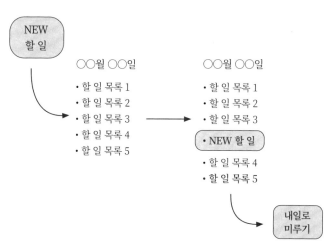

예상치 못한 업무가 추가될 경우

할 일 중에는 당장 착수할 수 있는 것도 있지만, 그렇지 않은 것도 있죠. 보통 1~2시간 안에 처리할 수 있는 일들이 전자에 해당한다면, 단시간 내 완료하기 어려운 일들은 후자의 경우라고 할 수 있겠습니다. 이렇게 단기간에 마무리 짓기 힘든 업무는 향후 일정으로 미루는 것이 현명한 선택일 것입니다.

다시 말해, 오늘이나 이번 주, 그리고 지난주에 처리하지 못한 일들 가운데 시급성이 높은 것들은 우선 해결하고, 그렇지 않은 것들은 과감히 버리는 선별 작업을 정기적으로 해주는 게 중요합니다.

하루 계획을 꾸준히 세우다 보면 지난날의 할 일 목록들이 쌓이게 마련인데, 이를 면밀하게 분석하면 업무의 핵심을 짚어낼 수 있습니다. 꼭 해야만 하는 중요 업무와 사실 그리 급하지 않은 일들을 명확히 구분함으로써 전반적인 일의 비중을 가늠해볼 수 있을 것입니다. 이 과정을 통해 앞으로의 계획은 어떤 방향으로, 어떻게 수립해 나가야 할지 자연스레 깨우칠 수 있게 될 것입니다.

급작스레 떨어지는 새 업무에 당황하거나 좌절할 필요는 없습니다. 그럴 때일수록 원래의 계획에 얽매이기보다 신속히 우선순위를 재정비하고, 유연하게 대처해나가는 지혜가 요구됩니다. 모든 것을 완벽하게 해내려 들기보다는, 정말 중요한 일에 집중하며 때로는 덜 중요한 일은 버릴 줄도 알아야 한다는 의미입니다.

———————————————

5장

하루 계획 세우기를 위한
5단계 프로세스

하루 계획을 효과적으로 수립하고 실행하는 과정은 크게 다섯 단계로 나누어 볼 수 있습니다. 처음에는 각 단계의 개념을 명확히 이해하는 데 시간을 투자해야 하지만, 점차 익숙해지면 한두 번의 실천만으로도 원활히 계획을 세울 수 있게 됩니다. 이 다섯 가지 기본 원칙을 충실히 따르다 보면, 업무 처리의 효율성이 눈에 띄게 향상되는 것을 경험할 수 있을 것입니다.

또한 저는 하루 계획 작성과 더불어 아침 일기 쓰기를 병행합니다. 일기를 통해 삶의 의미를 되새기고, 저만의 동기부여 방법을 모색하는 시간을 갖습니다. 그래서 현재는 데일리 노트 작성 시 계획과 일기를 함께 다루고 있습니다. 특히 일상에 지루함을 느끼거나 무기력해질 때면, 과거의 일기를 돌아보며 계획을 실천하겠다는 의지를 다시 잡곤 합니다.

그럼, 지금부터 하루 계획을 세우는 5단계 프로세스를 하나씩 살펴보면서, 단계별로 어떻게 계획을 수립하고 실행해나가야 할지 자세히 알아보겠습니다.

오늘부터 실패하지 않게 일하는 법

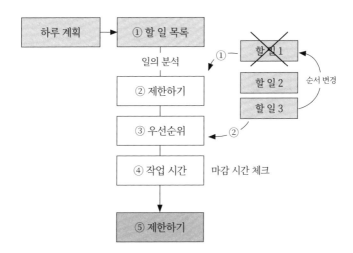

하루 계획을 세우는 5단계 프로세스

할 일 목록
작성하기

매일의 기록을 빠짐없이 남기기 위해 할 일 목록에는 우선 날짜를 명시한 후 구체적인 계획을 적어나갑니다.

할 일 목록을 작성할 때는 단순히 할 일들을 나열하는 것보다는 각각의 실행 방법에 대해 상세하게 계획하는 것이 권장됩니다. 이와 관련해서 육하원칙(누가, 언제, 어디서, 무엇을, 어떻게, 왜)을 적용하는 것이 매우 유용합니다. 이 방식을 활용하면, 각 항목을 어떻게 해결할지를 더 상세하게 기술할 수 있습니다.

육하원칙을 적용한 할 일 목록 작성 예시는 다음과 같습니다.

오늘부터 실패하지 않게 일하는 법

① 누가(Who) : 해당 업무를 담당할 사람은 누구인가?

② 언제(When) : 해당 업무를 언제 수행할 것인가?

③ 어디서(Where) : 업무 수행 장소는 어디인가?

④ 무엇을(What) : 구체적으로 어떤 업무를 수행할 것인가?

⑤ 어떻게(How) : 업무를 수행할 방법은 무엇인가?

⑥ 왜(Why) : 해당 업무를 수행하는 목적은 무엇인가?

이렇게 육하원칙을 통해 구체적으로 계획된 할 일 목록은, 각 항목을 체계적으로 접근하고 실행에 옮기는 데 큰 도움이 됩니다.

할 일 1 : S그룹 임원을 위한 '생성형 AI' 강좌 강의안 제공 <1H>

강의 목적 : 생성형 AI 기술의 기본 이해 및 실용적 활용 전략

이 강의는 리더십 경험이 풍부한 분들을 대상으로 생성형 AI 기술의 기본 원리와 활용 방법을 소개합니다. 특히, 챗GPT와 DALL-E 3와 같은 도구의 사용 방법을 중점적으로 다룹니다.

· 일정 : 7월 15일 오전 10~12시
· 담당자 : ○○○ 매니저
· 대상 : S그룹 고위 임원 20명 내외
· 장소 : 삼성동 포스코 세미나실
· 강좌명 : 디지털 시대를 위한 생성형 AI 활용법
· 강의내용 : 업무와 일상에서 생성형 AI를 활용하는 전략

- 강의목차
  - 생성형 AI의 주요 기능 및 소개
  - 필수 생성형 AI 도구 이해 : 챗GPT와 DA L L-E 3의 사용법
  - 생성형 AI를 활용한 다섯 가지 핵심 기능

오늘부터 실패하지 않게 일하는 법

할 일 범위
제한하기

작업 효율성을 극대화하기 위해서는, 하루 동안 처리해야 할 일의 범위를 명확히 제한하고, 이에 집중하는 것이 필수적입니다. 할 일 목록을 작성할 때는, 전날 미처 처리하지 못한 일들을 자동으로 옮기거나, 당장 그날 해결하지 않아도 되는 일들을 포함하는 실수를 피해야 합니다. 중요도가 낮은 일들에 시간을 소비하는 것은 피해야 할 대상입니다.

또한, 작업의 시간 배분에 실패해 근무 시간 외에도 추가로 업무를 처리하는 상황은 피해야 합니다. 주어진 시간 내에서 최고의 효율과 집중력을 발휘할 수 있도록 하는 습관이 매우 중요합니다.

이를 실현하기 위해, 중요한 작업에만 초점을 맞추기 위한 적절한 '제한선'을 설정하는 것이 중요합니다. 이는 우리가 당면한 작업에 더 집중하고, 결국 더 많은 일을 성공적으로 완료할 수 있게 해줍니다. 제한선을 설정함으로써, 우리는 불필요한 잡무에 시간을 낭비하는 대신, 실제로 중요한 작업에 우리의 에너지와 시간을 투자할 수 있게 됩니다.

작업의 효율을 높이기 위해서는 먼저 중요도가 낮은 일들과 목표 달성에 기여하지 않는 작업을 식별해야 합니다. 단기적 이득을 가져오지만, 장기적으로 볼 때 이익이 되지 않는 작업, 업무 중 메시지 처리(예 : 카카오톡)나 기타 활동(예 : 페이스북 사용)으로 인한 방해를 최소화하는 것이 중요합니다. 또한, 멀티태스킹 대신 싱글태스킹을 통해 작업에 더 집중할 수 있는 환경을 조성해야 합니다.

어떤 작업을 제한해야 할지 결정하기 어려울 때, 이전에 작성한 할 일 목록을 참조하는 것이 도움이 됩니다. 진행하지 않은 작업은 대개 중요도가 낮은 것으로 간주할 수 있습니다. 이런 작업을 우선 제한하는 것이 좋습니다. 또한, 과거에 중요했으나 현재 중요성이 변한 작업이 있는지 평가해서 현재와 미래의 중요한 작업에 초점을 맞출 수 있도록 합니다.

할 일 목록에 포함되어 있지만 진행되지 않은 작업은 종종 중요하지 않거나, 명확한 계획 없이 추가된 것, 또는 장기적인 목표로 설정된 경우가 많습니다. 이러한 작업을 식별해 점진적으로 제거함으로써, 우리는 더 중요하고 긴급한 작업에 집중할 수 있는 여유를 가질 수 있습니다.

할 일의 우선순위를 정할 때 중요도와 긴급성을 고려하는 것이 효과적입니다. 다음은 각 카테고리에 해당하는 예시입니다.

1. 중요하고 긴급한 일
- 마감 임박한 중요 프로젝트 완료하기
- 갑작스러운 고객 불만 처리하기
- 긴급한 건강 문제 해결하기
- 중요한 회의 준비 및 참석하기

2. 중요하지 않지만 긴급한 일
- 동료의 갑작스러운 도움 요청에 응하기
- 예기치 않은 방문객 응대하기
- 긴급하지만 중요도가 낮은 이메일 확인 및 회신하기
- 급한 잡무 처리하기(예 : 프린터 용지 채우기)

3. 중요하지만 긴급하지 않은 일

• 장기 프로젝트 계획 수립 및 일정 관리

• 자기 계발을 위한 온라인 강의 수강 및 학습

• 주요 고객사와의 관계 유지를 위한 정기적인 커뮤니케이션

• 업무 프로세스 개선을 위한 아이디어 구상 및 제안 준비

4. 중요하지도 긴급하지도 않은 일

• 소셜 미디어 서핑하기

• 인터넷 뉴스 헤드라인 확인하기

• 잡담이나 가십 나누기

• 불필요한 온라인 쇼핑하기

이렇게 할 일을 분류하면, 중요도와 긴급도에 따라 우선순위를 정하고 시간 관리를 효과적으로 할 수 있습니다. 중요하고 긴급한 일에 최우선 순위를 두고, 중요하지만 긴급하지 않은 일은 꾸준히 시간을 할애하며, 중요하지 않은 일은 가능한 한 줄이거나 위임하는 것이 좋습니다.

	긴급도
중요하고 긴급한 일 • 마감 임박한 중요 프로젝트 완료하기 • 갑작스러운 고객 불만 처리하기 • 긴급한 건강 문제 해결하기 • 중요한 회의 준비 및 참석하기	**중요하지 않지만 긴급한 일** • 동료의 갑작스러운 도움 요청에 응하기 • 예기치 않은 방문객 응대하기 • 긴급하지만 중요도가 낮은 이메일 확인 및 회신하기 • 급한 잡무 처리하기 (예: 프린터 용지 채우기)
중요하지만 긴급하지 않은 일 • 장기 프로젝트 계획 수립 및 일정 관리 • 자기 계발을 위한 온라인 강의 수강 및 학습 • 주요 고객사와의 관계 유지를 위한 정기적인 커뮤니케이션 • 업무 프로세스 개선을 위한 아이디어 구상 및 제안 준비	**중요하지도 긴급하지도 않은 일** • 소셜 미디어 서핑하기 • 인터넷 뉴스 헤드라인 확인하기 • 잡담이나 가십 나누기 • 불필요한 온라인 쇼핑하기

중요도

우선순위
정하기

일 처리에 있어 가장 중요한 단계 중 하나는 우선순위를 정하는 것입니다. 모든 일에 동등한 중요도를 부여하려는 경향을 버리고, 중요한 작업에 집중함으로써 생산성을 극대화할 수 있습니다. 일의 우선순위를 결정하는 효과적인 방법의 하나는 각 작업의 중요도를 평가해 점수(1점부터 5점까지, 높은 점수 5, 낮은 점수 1)를 매기는 것입니다. 이 점수를 통해서 어떤 작업을 먼저 처리할지 결정할 수 있습니다. 이 과정은 처음에는 어려울 수 있으나, 지속적인 실습으로 숙련될 수 있습니다.

오늘부터 실패하지 않게 일하는 법

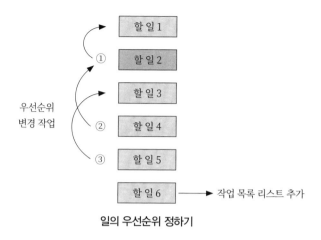

일의 우선순위 정하기

다음의 질문들을 통해 작업의 중요도를 판단해보세요.

① 나에게 가장 중요한 가치는 무엇인가요?

② 달성하고자 하는 목표는 무엇인가요?

③ 내가 열정을 가지고 있는 것은 무엇인가요?

④ 나에게 최우선적인 것은 무엇인가요?

⑤ 장기적으로 가장 큰 효과를 가져다줄 것은 무엇인가요?

갑작스럽게 새로운 작업이 주어질 경우, 해당 작업을 다음 네 가지 범주로 분류해 관리하세요.

① 즉시 처리해야 하는 경우 : 당일 계획에 포함하세요.

② 1~2주 이내에 처리해야 하는 경우 : 마감 일정을 고려해 계획에 추가하세요.

③ 장기적으로 처리해야 하는 경우 : 별도의 작업 목록에 추가하고, 정기적으로 검토하며 진행하세요.

④ 처리하지 않아도 되는 경우 : 과감히 제외하세요.

이러한 과정을 통해, 당신은 중요한 작업에 더 많은 시간과 노력을 할애할 수 있으며, 이는 궁극적으로 하루의 성과를 높이는 데 기여할 것입니다. 작업 목록에 포함된 일들에 대해서는 정기적으로 검토해, 효율적인 처리를 위한 시간을 배정하는 것이 중요합니다.

성공적인 할 일 목록을 작성하는 데 있어, 자신에게 다음 세 가지 질문을 해보는 것이 중요합니다.

① 불필요한 작업 찾기 : 현재 내가 수행하고 있는 가장 불필요한 작업은 무엇인가요?

② 대리 가능한 작업 분석 : 내 업무 중 다른 사람이 대신 수행할 수 있는 부분은 무엇인가요?

③ 피해야 할 시간 낭비 : 다른 사람의 소중한 시간을 빼앗는 내 행동은 무엇인가요?

이 질문들에 답하면서 하루를 계획할 때, 그리고 장기적인 계획을 세울 때 시간의 질을 향상하고, 생산성을 높일 수 있습니다. 하루 동안 반드시 취해야 할 휴식을 잊지 않는 것도 중요하며, 끊임없는 업무는 오히려 역효과를 낳을 수 있습니다.

연간 계획을 성공적으로 이행하려면 복잡한 목표들을 세우기보다는 올해 반드시 달성하고 싶은 주요 목표들을 선별하고, 이들에 대한 구체적인 실행 계획을 세워보세요. 육하원칙을 활용해 각 목표를 구체화하고, 이들을 중요도에 따라 우선순위를 정해 계획을 세웁니다. 이 방식으로 각각의 계획을 체계적으로 추진하면서, 단계별로 목표 달성에 접근해보세요. 이렇게 하면 목표를 달성하는 과정에서 더욱 명확한 방향성을 가질 수 있고, 실질적인 성과를 이룰 가능성이 커집니다.

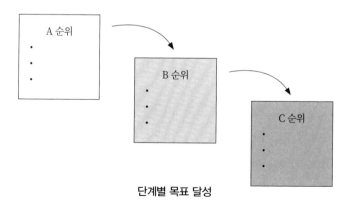

단계별 목표 달성

작업 시간 예측해서
계획하기

일정 관리에서 다음으로 중요한 단계는 각 작업에 드는 시간을 정확히 예측하고, 이를 바탕으로 하루 일과를 체계적으로 계획하는 것입니다. 아무리 꼼꼼하게 계획을 세웠다고 하더라도, 개별 업무에 필요한 시간을 구체적으로 산정하지 않으면 전체 일정 조율이 어려워질 수밖에 없죠. 이는 종종 불필요한 야근이나 기한 넘김으로 직결되곤 합니다.

가령 오늘 처리해야 할 업무가 4개이고, 한 차례의 회의가 예정되어 있다고 가정해보겠습니다. 만약 각 업무의 예상 완료 시간을 면밀하게 계산하지 않는다면 회의 일정을 적절히 배치하기가 난감해질 거예요. 따라서 할 일마다 목표 시간을 설정하고, 이를 토

오늘부터 실패하지 않게 일하는 법

대로 하루 일과를 꼼꼼하게 계획하는 작업이 선행되어야 합니다.

작업 시간 배분이 익숙하지 않은 초기에는 캘린더를 활용해 연습해보는 것도 좋은 방법입니다. 오전 9시부터 오후 6시까지를 업무 시간대로 정하고, 그 안에서 시간대별로 할 일을 분산 배치해보세요. 참고로 캘린더는 전반적인 일정 관리를 돕는 보조 도구일 뿐, 할 일 목록 자체를 관리할 필요는 없습니다.

'일을 잘게 나누기' 전략은 작업별 소요 시간을 추정하는 데 매우 유용합니다. 각 업무를 최대 2시간 단위로 나누어 전체 업무 시간이 하루 7~8시간을 초과하지 않도록 계획해야 합니다. 이 방법을 통해 과도한 초과 근무를 방지하고, 당일 중 우선순위가 높은 업무를 선별하는 데 도움이 됩니다.

계획한 작업 시간과 실제 진행 상태를 꾸준히 비교함으로써, 시간 관리 능력을 점진적으로 개선할 수 있습니다. 모든 일이 계획대로 흘러가지 않는다고 해도 낙담할 필요는 없습니다. 오히려 발생한 차이의 원인을 꼼꼼히 분석하고, 이를 다음 계획 수립에 적극적으로 반영하는 태도가 중요합니다. 작업 시간 관리의 진정한 목적은 단순히 일정을 채우는 것이 아니라, 우리가 가장 중요하게 여기는 업무에 효과적으로 집중할 수 있는 환경을 마련하는 데 있습니다.

작업 완료하기

계획을 세우고 그 실행 과정을 꼼꼼히 분석하지 않는다면, 우리의 업무 수행 방식은 결코 발전할 수 없을 것입니다. 작업을 완료한다는 것은 단순히 할 일 목록에서 해당 항목을 지우는 것 이상의 의미를 담고 있습니다. 오히려 우리는 각 작업을 통해 어떻게 하면 더욱 효율적으로 일할 수 있을지, 그리고 어떤 전략이 향후 계획 수립에 도움이 될 수 있을지를 배워나가야 합니다. 이 과정에서 자신만의 업무 방식을 평가하고, 개선 방안을 모색하는 것이 무엇보다 중요합니다. 일의 처리 과정, 직면했던 난관 등을 구체적으로 기록해둔다면, 비슷한 상황이 재현되었을 때 신속하게 대응할 수 있을 것입니다.

오늘부터 실패하지 않게 일하는 법

철저한 계획 관리는 결국 탁월한 성과로 직결됩니다. 아침에 쓰는 짧은 일기에서부터 그날 진행한 강의 후기, 문득 스쳐 지나간 아이디어에 이르기까지, 사소해 보이는 이 모든 기록이 차곡차곡 쌓이면서 결국에는 엄청난 가치를 창출하게 됩니다. 이는 계획을 체계화하고 관리하는 과정에서 얻게 되는 가장 소중한 성과라고 할 수 있겠지요.

팀 페리스는 자신의 저서 《나는 4시간만 일한다》*에서 모든 사람이 핵심 4시간의 원리를 이해하면 더 가치 있는 일에 집중할 수 있다고 강조합니다.

그가 강조하는 핵심 전략은 바로 중요한 일에 집중하는 것입니다. 이 개념은 파레토 법칙, 즉 '80대 20의 법칙'과도 밀접한 관련이 있습니다. 이 법칙은 우리가 투입하는 노력의 20%가 전체 결과의 80%를 결정한다고 주장합니다. 즉, 핵심적인 일부에 집중하는 것이 전체적인 성과를 높이는 데 훨씬 효과적이라는 뜻입니다.

또한, 페리스는 마감일의 효과를 적극적으로 활용할 것을 권장합니다. 마감일이 임박하면 우리는 본능적으로 필수적인 일에 집

---

* 팀 페리스, 《나는 4시간만 일한다》, 다른상상, 2017

중하게 되는데, 이는 종종 중요한 업무를 미루고 사소한 일에 시간을 낭비하는 일을 방지해줍니다. 이러한 전략들을 통해 업무의 본질을 파악하고, 보다 효과적으로 업무를 수행할 수 있습니다.

6장

무리한 하루 계획에 따른
부작용 해결하기

효율적으로 하루를 활용하는 능력은 궁극적으로 우리의 생산성을 좌우하는 핵심 요소입니다. 그러나 지나치게 많은 일정을 계획하거나 하루 안에 처리할 업무량을 과도하게 잡는 것은 오히려 역효과를 불러올 수 있어요. 현실적으로 감당하기 힘든 계획은 큰 부담감을 안겨주고, 제때 마무리 짓지 못한 일들은 스트레스를 가중하는 주범이 되곤 하죠. 이런 악순환이 반복되다 보면 생산성은 떨어질 수밖에 없고, 심각해지면 건강까지 위협할 수 있습니다.

　만약 하루 계획을 세우면서 할 일 목록에 10개 이상의 항목을 적어 넣는다면, 그날 정시 퇴근은 사실상 불가능에 가까울 거예요. 더욱이 밀린 업무로 인해 마음의 짐이 가중되면, 현재 진행 중인 일에 집중하기도 여간 어려운 게 아니죠. 따라서 가급적 하루에 해야 할 일의 개수를 6개 내외로 제한하고, 전체 작업 시간이 8시간을 초과하지 않도록 조율하는 것이 바람직합니다. 이때 간단히 처리할 수 있는 잡무들은 하나로 묶어서 6개 안에 포함하는 요령도 필요해요.

　이처럼 하루 일과를 보다 효과적으로 계획하기 위해서는 먼저 반드시 해야 할 일과 그렇지 않은 일을 가려내고, 우선순위를 명확히 파악하는 것이 선행되어야 합니다. 그다음 단계로는 일의 범위를 적정 수준으로 '제한'하고, 중요도에 따라 '우선순위'를 설정하는 방법을 터득해야 합니다.

하루 일과의 효율성을 극대화하려면 '제한하기'는 필수적입니다. 업무를 제한한다는 것은 중요도가 낮은 일, 단기적으로는 이득이 되지만 장기적 관점에서는 그렇지 않은 일, 불필요한 잡담이나 주의력 분산 등을 최소화하는 것을 의미합니다. 이는 하루 동안 가장 중점을 두어야 할 핵심 업무에 온전히 몰두할 수 있는 여건을 조성하는 데 도움을 줍니다.

그렇다면 구체적으로 어떤 일들을 제한 대상으로 삼아야 할까요? 이를 판단하기 위해서는 과거의 할 일 목록을 꼼꼼히 살펴볼 필요가 있습니다. 만약 이전부터 계획에 반영해두고도 번번이 완수하지 못한 일이 있다면, 그것은 상대적으로 우선순위가 떨어지는 업무일 가능성이 큽니다. 이처럼 계속해서 뒷전으로 밀리는 일들을 먼저 제한 목록에 올려보는 것이 효과적인 전략이 될 수 있습니다.

아울러 일의 우선순위 역시 하루 일과를 효율적으로 운영하는 데 있어 매우 중요한 역할을 합니다. 우선순위를 결정하는 가장 합리적인 방법은 각 업무의 중요도를 수치화해 점수를 매기는 것입니다. 처음에는 절대적인 기준에 따라 일일이 점수를 부여하기가 쉽지 않을 수 있습니다. 그보다는 전체 할 일을 놓고 상대적인 경중을 가늠해 순위를 정하는 것에서부터 시작해보는 것이 좋겠죠. 이렇게 반복적으로 우선순위 배치를 연습하다 보면, 점차 업무의 경중을 직관적으로 파악하는 안목도 생길 것입니다.

우선순위 설정은 일의 처리 순서를 결정하는 데 있어 매우 중요한 역할을 합니다. 각 업무의 중요도를 수치화해 점수를 매기는 것이 우선순위를 정하는 가장 효과적인 방법이라고 할 수 있습니다.

다음과 같은 질문들은 우선순위를 세우는 데 있어 좋은 지침이 될 수 있습니다.

① 내가 가장 소중히 여기는 가치는 무엇인가?

② 나의 핵심 목표는 무엇인가?

③ 내가 진정으로 좋아하고 즐기는 일은 어떤 것들인가?

④ 나에게 정말 중요하고 의미 있는 것은 무엇인가?

⑤ 장기적인 관점에서 가장 큰 영향력을 발휘할 일은 무엇인가?

오늘부터 실패하지 않게 일하는 법

이처럼 체계적으로 일을 정리하고 계획을 수립하는 과정은 더 생산적인 하루를 만드는 데 큰 도움이 됩니다. 한 번에 너무 많은 일을 떠안으려는 욕심을 버리고, 자신의 역량 한계를 겸허히 인정하며, 정말 중요한 일에만 집중하는 지혜가 필요합니다. 그렇게 할 때 업무의 성과와 효율성은 자연스레 향상될 수 있을 것입니다.

업무 관리와 생산성 향상에 있어 가장 중요한 것은 중요한 일과 그렇지 않은 일을 구분하고, 우선순위에 따라 일을 처리하는 능력입니다. 이를 통해 과도한 일정을 피하고, 실제로 처리할 수 있는 일정을 구성하는 역량을 기를 수 있습니다. 그 결과 더욱 효율적인 일정 관리가 가능해지고, 하루를 생산적으로 보낼 수 있게 됩니다.

일의 분량을 줄이고 진정으로 중요한 일에만 집중함으로써 개인의 목표와 가치 실현에 더욱 매진할 수 있습니다. 이는 곧 의미 있는 일을 더 많이 수행하게 되고, 업무 효율성이 높아지며, 나아가 일상의 만족도까지 향상하는 선순환으로 이어집니다. 따라서 일의 중요도를 정확히 판단하고, 중요한 일에 역량을 집중하는 습관을 익히는 것은 생산성 증진을 위한 필수 과정이라고 할 수 있습니다. 이러한 원칙을 명심하고, 매일 하루의 일정을 세울 때마다 이를 철저히 적용하는 것이 무엇보다 중요합니다.

하루 계획의 작성 방식에 따른 결과의 차이

하루를 계획하는 일은 우리 일상에서 빼놓을 수 없는 중요한 요소입니다. 그러나 '하루 계획'이란 단순히 할 일 목록을 나열하는 것 이상의 의미가 있습니다. 고려해야 할 다양한 요인들과 그에 따른 방향성 설정이 필요하죠. 그리고 이 모든 게 어떤 방식으로 계획을 세우느냐에 따라 그 결과는 크게 달라질 수 있습니다.

계획을 세우는 방법은 그날 하루를 성공적으로 마무리할 수 있을지, 아니면 실패로 끝나고 말 것인지를 좌우하는 결정적 요인이 됩니다. 만약 이 점을 명확히 이해한다면, 목표를 차질 없이 달성하는 하루를 설계할 수 있을 것입니다. 저 역시 지난 3개월 동안 세웠던 계획들을 꼼꼼히 분석해보았고, 그 과정에서 얻은 깨달음

오늘부터 실패하지 않게 일하는 법

을 여러분과 공유하고자 합니다.

이를 통해 하루 계획을 보다 효과적으로 수립하는 방법에 대해 알아보도록 하겠습니다.

첫째, 계획은 명확하게 작성해야 합니다.

계획 수립 방식에 따라 실행 결과가 달라질 수 있습니다. 할 일 목록을 작성할 때는 무엇을, 언제, 어디서 해야 하는지 구체적으로 기록해야 망설임 없이 작업을 진행할 수 있습니다. 한두 줄의 간단한 메모가 아닌, 실행 단계를 자세히 서술해 바로 실행에 옮길 수 있도록 해야 합니다. 육하원칙을 활용해 상세히 기록하면 작업 효율성이 높아집니다.

둘째, 정확한 작업 시간을 할당해야 합니다.

하루 안에 완료할 수 없거나, 반드시 해야 하는지가 확실하지 않은 일의 경우에는 빠르게 판단해서 할 일 목록에 넣을지, 아니면 다음 일정에 넣을지 결정합니다. 할 일 목록에 넣을 경우에는 정확한 작업 시간을 설정해 완료 처리할 수 있도록 합니다.

셋째, 실현 가능성을 고려해야 합니다.

중요도 분석 없이 할 일 목록을 작성하면, 실행 불가능한 계획이 될 수 있습니다. 실현 가능성이 작다고 판단되면, 제거하거나 작은 단위로 분할해 실행할 수 있도록 만들어야 합니다. 즉시 착수하기 어려운 일은 별도로 분류해 예정된 작업 목록에 넣어두는 것이 좋습니다.

이러한 세 가지 관점을 계획 수립 시 항상 반영해야 합니다. 하루 안에 완료하기 어려운 큰 작업은 작은 단위로 나누어야 합니다. 그렇지 않고 무작정 할 일 목록에 포함하면, 오히려 당일 계획 진행에 차질이 생길 수 있습니다.

현실적인 하루 계획을 세우려면 무엇보다 자신의 한계를 정직하게 인정해야 합니다. 할 수 있다고 생각되더라도 시간적 여유가 있는지, 자기 능력 범위 내인지를 냉정히 판단해야 합니다. 제한된 시간 내에서 최대 효율을 내기 위해서는 객관적인 시각이 필수적입니다.

업무를 수행하다 보면 다양한 작업을 처리해야 하는 상황에 직면하게 됩니다. 그러나 때로는 모든 업무를 완료하지 못하는 경우가 발생합니다. 이럴 때는 다음과 같은 세 가지 사항에 대해 자신의 할 일 목록 작성 방식을 점검해볼 필요가 있습니다.

오늘부터 실패하지 않게 일하는 법

첫째, 할 일 목록이 과도하게 많아 처리하지 못할 때입니다.

할 일이 너무 많거나 각 작업에 얼마나 시간이 걸릴지 제대로 가늠하지 못해 정해진 기한 내에 모든 일을 끝내지 못하는 경우가 있습니다. 이럴 때는 전반적인 업무량을 줄이거나, 할 일 목록에 작업별 소요 시간을 기록해 하루에 처리할 수 있는 분량을 미리 파악해보는 것이 좋습니다. 또한 하루에 수행할 업무를 최대 5개로 한정함으로써 효율성을 제고할 수 있습니다. 우선순위와 관계없이 모든 할 일을 나열하게 되면, 어디서부터 시작해야 할지 결정하기 어려워져 결국 업무 효율이 낮아질 수 있기 때문입니다.

둘째, 처리 방법을 모르고 계속 미루게 되는 일이 있습니다.

중요한 일이라고 판단되어 할 일 목록에 포함했지만, 구체적으로 어떤 방식으로 해당 업무를 수행해야 할지 모르는 경우가 있습니다. 이런 상황에서는 해당 일의 중요성을 재평가해볼 필요가 있습니다. 만약 긴급하지 않거나 완수하지 않아도 큰 문제가 없는 일이라면 과감히 목록에서 삭제하는 것이 좋습니다. 반면에 반드시 처리해야 하는 업무라면, 이를 세부 단계로 나누어 일일 계획에 포함하고, 단계별로 순차적으로 진행해나가는 것이 효율적입니다.

셋째, 정보성 자료를 할 일 목록에 포함하는 경우입니다.

여기에는 프로젝트 계획서, 기획 작업 개요, 자료 조사 결과, 회의록 등이 포함됩니다. 이런 정보성 자료는 업무의 진행에 필수적이지만, 효율적인 관리를 위해 별도의 목록으로 구분하거나 태그를 활용해 체계적으로 분류하는 것이 바람직합니다.

앞으로는 매일의 업무를 마무리하고 퇴근하는 것을 목표로 설정해야 합니다. 새로운 하루를 시작할 때, 전날 처리하지 못한 일들로 인해 느껴지는 스트레스를 최소화하기 위해서는, 사전에 하루 계획을 세우고 새로운 마음가짐으로 업무에 임하는 게 중요합니다. 이런 접근법은 새로운 하루를 보다 효과적으로 시작할 수 있도록 도와줄 것입니다.

일기 쓰기로
활기찬 하루를 시작하기

일기 쓰기는 마치 거울 앞에서 자신을 마주하는 것 같은 가장 솔직하고 진솔한 자기 성찰의 시간입니다. 이는 자신을 깊이 이해하고, 인식하는 가장 직접적인 방법의 하나입니다. 그래서 저는 아침에 일기를 쓰는 것을 권장합니다. 그것이 바로 그날을 더 진취적이고, 전진적으로 시작하는 방법이기 때문입니다.

일기가 단순히 과거를 기록하는 수단에 그치지 않고, 하루를 어떻게 시작할 것인가에 대한 생각을 정리하는 공간으로도 작용할 수 있습니다. 이는 하루 계획을 세우는 것과 유사한 효과를 낼 수 있습니다. 따라서 하루 계획을 세우는 과정에 일기를 더해 개인적 성장의 수단으로 활용하는 것을 추천드립니다.

일기 쓰기는 개인의 성찰과 성장을 촉진하는 강력한 도구입니다. 특히, '하루 세 줄, 마음 정리법'에서 제시된 방식은 간결하지만, 효과적인 자기반성의 방법을 제공합니다.

이 방법은 다음과 같은 세 가지 핵심 질문에 초점을 맞춥니다.

1. 가장 기뻤던 순간이나 감동받았던 일

이 질문은 긍정적인 경험과 성취를 기록하는 공간입니다. 작은 성공이든, 기대하지 않았던 즐거운 사건이든, 그날의 기쁨을 되새김으로써 자신감과 긍정적인 태도를 유지할 수 있습니다.

2. 그날 가장 아쉬웠던 순간이나 마음에 들지 않았던 일

이 질문은 자기 행동이나 결정, 또는 특정 상황에 대한 반성의 기회를 제공합니다. 무엇이 아쉬웠는지, 왜 그런 감정을 느꼈는지 자세히 탐구함으로써 앞으로의 행동을 개선할 수 있는 통찰을 얻을 수 있습니다.

3. 오늘 또는 내일 달성하고 싶은 목표와 전하고 싶은 말

이 질문은 미래 지향적인 생각을 정리하는 시간입니다. 단기적인 목표나 장기적인 계획, 혹은 다짐 등을 기록함으로써 자신의 목표에 대한 명확한 방향성을 설정할 수 있습니다.

일기의 세 가지 주제

이런 방식으로 아침 시간을 일기 쓰기와 계획 세우기에 할애하면, 과거를 회고하고 현재의 감정을 파악하며 미래의 목표를 세우는 데 큰 도움이 됩니다. 이를 통해 하루를 더 진취적이고, 목표 지향적으로 시작할 수 있을 것입니다.

7장

챗GPT를 활용해
성공적인 프로젝트 기획하기

기획이 초보자에게 어려운 일이 될 수 있는 이유는 다양합니다. 복잡한 요소들을 통합하고, 이들을 조화롭게 배치하는 과정은 쉽지 않으며, 때로는 매우 지치는 작업이 될 수 있습니다. 특히, 기획에 처음 발을 들인 초보자들은 시작 지점을 찾지 못해 불안감을 느끼거나, 중요한 정보와 그렇지 않은 정보를 구별하는 데 어려움을 겪을 수 있습니다. 또한, 새로운 아이디어를 발굴하는 과정은 상당한 시간과 에너지를 요구하며, 문제를 다양한 각도에서 바라볼 수 있는 능력이 필요합니다. 이러한 도전에 직면한 초보자들은 기획 환경의 복잡성이 날로 증가함에 따라 더욱 어려움을 겪고 있습니다.

　이 복잡한 환경 속에서 기획자들이 민첩하게 대응하며, 성공적인 기획을 끌어내기 위해서는 혁신적인 도구의 도움이 필수적입니다. 바로 인공지능 기반의 대화형 AI, 챗GPT가 그러한 도구 중 하나입니다. 챗GPT는 기획 과정에서의 다양한 장애를 극복하고, 창의적인 아이디어 발굴과 문제 해결 방안을 모색하는 데 큰 도움을 줍니다. 이처럼, 챗GPT는 초보자뿐만 아니라 모든 기획자가 복잡한 기획 환경에서 성공적으로 프로젝트를 수행할 수 있도록 지원하는 강력한 도구입니다.

　　　　　　　　　오늘부터 실패하지 않게 일하는 법

성공적인 프로젝트 기획을
위한 챗GPT 활용법

프로젝트 기획에서 창의력과 효율성은 핵심 요소입니다. 이러한 과정에 챗GPT를 활용하면 기획자는 다양한 아이디어와 해결책을 얻을 수 있으며, 이는 프로젝트를 성공적으로 완수하기 위한 효율적인 접근법을 찾는 데 큰 도움이 됩니다. 챗GPT를 통해 얻을 수 있는 주요 혜택은 다음과 같습니다.

첫째, 다양한 아이디어를 제공합니다.

챗GPT의 가장 큰 장점 중 하나는 사용자에게 다양한 아이디어를 제공할 수 있다는 점입니다. 기획은 본질적으로 창조적인 과정이며, 새로운 아이디어나 해결책을 찾는 것이 중요합니다. 챗GPT는 대량의 데이터를 바탕으로 학습했기 때문에 다양한 주제와 아이디어에 대한 깊이 있는 통찰을 제공할 수 있습니다. 이는 사용자가 자신이 생각하지 못했던 새로운 방향이나 솔루션을 발견하는 데 도움을 줄 수 있습니다.

예를 들어, 마케팅 캠페인을 기획하는 과정에서 독특하고 효과적인 아이디어를 찾고자 할 때, 챗GPT에게 현재 시장 트렌드, 소비자 선호도, 경쟁사 분석 등에 관한 질문을 할 수 있습니다. 챗GPT는 이러한 질문에 대해 다양한 관점에서 응답을 제공하며, 이를 통해 사용자는 획기적인 마케팅 전략을 기획하는 데 필요한 아이디어를 얻을 수 있습니다.

둘째, 문제 해결에 대해 대체적인 방법을 제안합니다.

챗GPT는 문제 해결 과정에서 다양한 해석과 대안을 제시할 수 있는 능력이 있습니다. 특정 문제에 대해 단일한 해결 방식만을 고려하는 것은 상황을 제한적으로만 바라보는 것이 될 수 있습니다. 챗GPT는 다양한 관점에서 문제를 분석하고, 여러 대안을 제시함으로써 사용자가 문제를 더 넓은 시각에서 바라보고, 새롭고 창의적인 해결 방안을 찾도록 돕습니다.

소프트웨어 개발 프로젝트에서 특정 기술적 문제에 부딪혔을 때, 챗GPT에게 문제의 상황, 시도해본 해결책, 기대하는 결과 등

오늘부터 실패하지 않게 일하는 법

에 대해 설명하고 조언을 구할 수 있습니다. 챗GPT는 해당 문제를 해결하기 위한 다양한 기술적 접근 방법을 제시할 수 있으며, 이 중에서 가장 적합한 해결책을 선택해 적용해볼 수 있습니다.

셋째, 정보 탐색과 아이디어 제안 시간을 단축합니다.

기획자가 마주하는 또 다른 큰 도전은 효율적인 시간 관리입니다. 필요한 정보를 탐색하고, 이를 기반으로 아이디어를 도출하는 과정은 상당한 시간을 소요할 수 있습니다. 하지만 챗GPT를 활용하면, 이 과정을 대폭 단축할 수 있습니다. 챗GPT는 사용자의 질문에 빠르고 정확하게 응답함으로써, 필요한 정보를 신속하게 제공하고, 아이디어 도출 과정에서의 시간을 절약할 수 있도록 돕습니다.

특정 주제에 대한 연구 보고서를 준비하는 경우, 챗GPT에게 관련 연구, 통계 자료, 최신 트렌드 등에 관한 질문을 할 수 있습니다. 챗GPT는 관련된 정보와 자료를 신속하게 제공하며, 이를 바탕으로 보고서의 구성 아이디어나 주요 논점을 정리하는 데 도움을 줄 수 있습니다. 이러한 방식으로, 기획 과정에서의 정보 탐색과 아이디어 제안에 걸리는 시간을 획기적으로 줄일 수 있습니다.

챗GPT로
스마트폰 활용 강의 기획하기

스마트폰 활용 강의 기획을 위한 3단계 과정을 챗GPT와 함께 살펴봅니다. 이 과정은 스마트폰 사용의 여러 측면을 탐구하며, 실제적인 해결 방안을 찾는 데 중점을 둡니다. 이 방식을 통해, 참가자들이 일상, 학습, 생산성 향상에 스마트폰을 효과적으로 활용할 수 있도록 도와주는 강의를 기획하게 됩니다.

1단계 : 제로 드래프트로 시작하기

스마트폰 활용 강의를 기획하는 과정에서 첫 번째 단계는 제로 드래프트를 통해 아이디어를 얻을 수 있습니다. 이 단계에서는 챗GPT를 활용해 스마트폰의 다양한 사용 방법에 대한 기본 내용을

오늘부터 실패하지 않게 일하는 법

질문해서 다양한 정보를 얻을 수 있습니다.

스마트폰 활용에 관련된 기본적인 질문을 준비합니다. 예를 들어, "일상생활에서 스마트폰을 어떻게 활용할 수 있나요?", "학습이나 생산성 향상에 도움이 되는 스마트폰 앱은 무엇이 있나요?"와 같은 질문을 만들어 놓고 순차적으로 진행합니다.

첫째, 아이디어를 수집 및 정리합니다.

챗GPT로부터 받은 답변과 아이디어를 주의 깊게 듣고 메모합니다. 이때 중요한 것은 가능한 한 많은 아이디어를 수집하는 것입니다. 완성도보다는 양과 다양성을 우선시하며, 나중에 선별 과정을 거칠 수 있습니다.

둘째, 아이디어를 확장 및 발전합니다.

챗GPT가 제시한 아이디어를 바탕으로 추가 질문을 하거나, 아이디어를 더 발전시키는 방향으로 대화를 이어갑니다. 예를 들어, "시간 관리 앱 외에도 학습을 지원할 수 있는 다른 기능이나 앱이 있나요?"와 같은 질문으로 대화를 확장할 수 있습니다.

셋째, 아이디어를 선별합니다.

수집된 아이디어 중에서 강의 기획에 가장 적합하거나 흥미로운 아이디어를 선별합니다. 이 과정에서 각 아이디어의 실현 가능성, 타깃 오디언스의 관심사, 강의의 목적과 얼마나 잘 부합하는지 등을 고려합니다.

다음 단계로 넘어가기 전에, 이러한 아이디어들을 바탕으로 강의의 목적과 타깃 오디언스를 더 명확히 정의할 수 있었습니다.

2단계 : 가안을 바탕으로 문제 제기하기

스마트폰 활용 강의 기획 과정의 두 번째 단계는 제로 드래프트에서 얻은 아이디어를 바탕으로 구체적인 문제를 제기하고, 해결책을 모색하는 것입니다. 이 단계에서 챗GPT의 역할은 기획 과정에서 파악된 주요 이슈에 대해 심도 있는 질문을 하고, 그에 대한 해결 방안을 찾는 데 있습니다.

첫째, 문제 정의 및 해결책 탐색입니다.

제로 드래프트 단계에서 수집한 아이디어 중에서 강의 주제와 직접적으로 관련된 문제를 정의합니다. 예를 들어, "스마트폰을 활용해 시간 관리를 어떻게 최적화할 수 있을까?", "스마트폰을 이용한 학습 효과를 극대화하는 방법은 무엇일까?"와 같은 질문을 통해 구체적인 문제를 제기합니다. 이렇게 문제를 정의한 후,

오늘부터 실패하지 않게 일하는 법

챗GPT에게 해당 문제에 대한 해결책을 물어봅니다. 챗GPT는 다양한 데이터와 사례를 바탕으로 문제 해결에 도움이 될 수 있는 다양한 방법을 제시할 것입니다.

- 문제 정의 : "학생들이 스마트폰을 통해 집중력을 높이고, 학습 효과를 극대화할 방법은 무엇일까요?"
- 챗GPT와의 대화 : 챗GPT는 집중력을 높이는 앱, 학습 스케줄 관리, 온라인 자료의 효과적인 활용 방법 등에 대해 제안할 수 있습니다. 챗GPT의 답변을 바탕으로, 스마트폰을 활용한 학습 전략에 대한 강의 내용을 구체화할 수 있습니다.

둘째, 문제 해결책을 선별하고 구체화합니다.

챗GPT가 제시한 다양한 해결책 중에서 강의 목적과 가장 잘 부합하는 방안을 선별합니다. 이 과정에서 각 해결책의 실현 가능성과 타깃 오디언스의 필요성을 고려합니다. 선택된 해결책을 바탕으로 강의 내용을 구체화합니다. 예를 들어, 스마트폰을 활용한 시간 관리 방법에 대한 강의라면, 구체적인 앱 사용법, 스마트폰 설정 팁, 시간 관리 전략 등을 포함할 수 있습니다.

이 단계를 통해, 강의의 주제와 구조가 더욱 명확해집니다. 제로 드래프트 단계에서 수집한 아이디어를 바탕으로 실제 강의에서 다룰 문제와 해결책이 구체화하며, 다음 단계인 자료 조사와 검증 작업으로 넘어갈 준비가 됩니다.

3단계 : 자료 조사를 통한 검증 작업하기

스마트폰 활용 강의 기획 과정의 마지막 단계는 제로 드래프트와 문제 제기 단계에서 얻은 아이디어 및 해결책을 바탕으로, 필요한 정보를 검증하고 최종 강의 내용을 확정하는 것입니다. 이 단계에서는 챗GPT의 능력을 활용해 심도 있는 자료 조사를 수행하고, 강의 내용의 정확성과 유효성을 확보합니다.

첫째, 자료 조사 및 정보 검증입니다.

강의 내용에 포함할 주제들과 관련된 심도 있는 정보를 수집하기 위해 자료 조사 계획을 수립합니다. 예를 들어, "스마트폰을 이용한 시간 관리의 최신 연구 결과는 무엇인가요?", "학습 효과를 극대화하는 스마트폰 앱에 대한 사용자 리뷰는 어떠한가요?"와 같은 질문으로 구체적인 정보를 탐색합니다. 챗GPT에게 앞서 수립한 질문들을 제시하고, 관련된 데이터, 연구 결과, 사례 연구, 사용자 리뷰 등을 요청합니다. 챗GPT는 해당 분야의 다양한 정보를 신속하게 제공할 수 있습니다.

오늘부터 실패하지 않게 일하는 법

- 자료 조사 질문 : "스마트폰을 활용한 학습에 관한 최근 연구 결과는 무엇인가요?"
- 챗GPT와의 대화 : 챗GPT는 해당 주제에 관한 최신 연구 결과와 통계, 학습 앱의 효과를 뒷받침하는 실증적인 데이터를 제공합니다. 이 정보는 강의 내용을 뒷받침하고 근거를 제공하는 데 사용됩니다.

둘째, 정보 검증 및 강의 내용 확정입니다.

챗GPT에게 제공받은 정보의 출처와 신뢰성을 확인합니다. 필요한 경우, 추가적인 검증을 위해 외부 자료를 참조할 수도 있습니다. 검증된 정보를 바탕으로 강의 내용을 최종적으로 확정합니다. 이때, 강의의 목표와 타깃 오디언스의 요구사항에 부합하는지 확인하며, 강의 구성을 최적화합니다.

이 단계를 통해, 강의 기획 과정에서 수집된 아이디어와 제안된 해결책을 실제 강의 내용으로 구체화합니다. 챗GPT와의 긴밀한 협업을 통해 수행된 자료조사와 정보 검증 작업은 강의 내용의 정확성과 유효성을 보장하며, 참여자들에게 실질적인 가치를 제공하는 강의를 만드는 데 결정적인 역할을 합니다.

이러한 방식으로, 챗GPT를 활용해 기획 과정을 진행함으로써 '스마트폰 활용 강의'의 기획을 보다 효과적으로 완성할 수 있었습니다. 또한, 챗GPT의 활용이 단지 초보자에게만 도움이 되는 것은 아닙니다. 실제로 경험이 풍부한 기획자인 저에게도 챗GPT는 새로운 관점을 제공하고, 문제에 대한 더 깊은 이해를 가능하게 했습니다.

이제 기획이라는 거대한 과제 앞에서 주저하지 않아도 됩니다. 챗GPT와 같은 AI 도구와 함께라면, 어떤 초보자라도 자신감을 가지고 기획 여정을 시작할 수 있습니다.

손안의 지식 1

WORK : 프로 일잘러가 되기 위한 업무 가이드
오늘부터 실패하지 않게 일하는 법

제1판 1쇄 발행   2024년 6월 17일

지은이	홍순성
발행처	애드앤미디어
발행인	엄혜경
등록	2019년 1월 21일 제 2019-000008호
주소	서울특별시 영등포구 도영로 80, 101동 2층 205-50호
	(도림동, 대우미래사랑)
홈페이지	www.addand.kr
이메일	addandm@naver.com
기획편집	애드앤미디어
디자인	얼앤똘비악 www.earlntolbiac.com

ISBN	979-11-93856-03-1 (14080)
	979-11-93856-02-4 (세트)

책값은 뒤표지에 있습니다.
잘못 만들어진 책은 구입처에서 바꿔 드립니다.

Ӓ 애드앤미디어는 당신의 지식에 하나를 더해 드립니다.